ANOS LOUCOS
Histórias da psicanálise
às margens dos anos 1920

—

Seguido do *Diário* de
Sophie Halberstadt-Freud

**Luiz Eduardo
Prado de Oliveira**

com a colaboração de
Marta Raquel Colabone

ANOS LOUCOS

Histórias da psicanálise
às margens dos anos 1920

—

Seguido do *Diário* de
Sophie Halberstadt-Freud

APRESENTAÇÃO:
Vera Iaconelli

autêntica

Copyright © 2022 Luiz Eduardo Prado de Oliveira

Todos os direitos reservados pela Autêntica Editora Ltda. Nenhuma parte desta publicação poderá ser reproduzida, seja por meios mecânicos, eletrônicos, seja via cópia xerográfica, sem a autorização prévia da Editora.

EDITORAS RESPONSÁVEIS
Rejane Dias
Cecília Martins

CAPA
Diogo Droschi

REVISÃO
Aline Sobreira

DIAGRAMAÇÃO
Christiane Morais de Oliveira

Dados Internacionais de Catalogação na Publicação (CIP)
Câmara Brasileira do Livro, SP, Brasil

Prado de Oliveira, Luiz Eduardo
   Anos loucos : histórias da psicanálise às margens dos anos 1920 : Seguido do *Diário* de Sophie Halberstadt-Freud / Luiz Eduardo Prado de Oliveira. -- 1. ed. -- Belo Horizonte, MG : Autêntica Editora, 2022.

   ISBN 978-65-5928-061-2
   Bibliografia

   1. Freud, Sigmund, 1856 -1939 2. Psicanálise I. Título II. Série.

21-72603   CDD-150.195

Índices para catálogo sistemático:
1. Psicanálise : Ensaios : Teorias : Psicologia 150.195

Aline Graziele Benitez - Bibliotecária - CRB-1/3129

Belo Horizonte
Rua Carlos Turner, 420
Silveira . 31140-520
Belo Horizonte . MG
Tel.: (55 31) 3465 4500

São Paulo
Av. Paulista, 2.073, Conjunto Nacional
Horsa I . Sala 309 . Cerqueira César
01311-940 . São Paulo . SP
Tel.: (55 11) 3034 4468

www.grupoautentica.com.br
SAC: atendimentoleitor@grupoautentica.com.br

Com a colaboração de:
Amanda Cunha Batista
Carolina Vidal
Vera Dutra

SUMÁRIO

Começo 9

Apresentação: As mulheres de Freud 11
Vera Iaconelli

Anos Loucos, *Années Folles, Roaring Twenties*:
psicanálise 15

Álbum de família I 31

    Alguma(s) teoria(s), teses 31

    Ernst – Ernest 33

    Os Freud 45

    Mathilde 48

    Sophie se casa 51

    Nasce Ernst, teorias 55

    Visitas, a guerra 60

    Hamburgo 63

Interlúdio I: Diário de Sophie e seu bebê 69
Sophie Halberstadt

Entreato: *Fort-da* 111

Álbum de família II 117

    Sophie, Ernst 117

    Sophie morre 120

Anna, Ernst 123
Ernst, Ernest, vida *fort-da* 128

Excurso: Devaneio – as cartas, o nome, Freud 135

Álbum de família III 143

Pulsão de morte, *Além do princípio
de prazer*, um livro de Anna 143
Lou, o *Além* 149
Sigmund, Anna, Lou, Dorothy – I 155
Victor Tausk, pulsão de morte 165
Sigmund, Anna, Lou, Dorothy – II 172
Pulsão de morte – *Spielrein* – Atas 186

Interlúdio II: Reunião da Sociedade Psicanalítica
de Viena – 20 de março de 1930 193
Richard F. Sterba

A última sessão – 20 de março de 1938 205

Epílogo: Apocalipse Alegre, Anos Loucos,
Années Folles, Roaring Twenties 207

Referências 215

Agradecimentos 223

Índice onomástico 225

COMEÇO

Existe em Sevilha a catedral onde, adentrando-a, descobrimos ruínas de da mesquita; andando até o fundo, vemos pequena sinagoga em torno da qual foi construída a mesquita que serviu à construção da catedral durante um século, de 1401 a 1506. A torre dessa catedral, a Giralda, era o antigo minarete da grande mesquita Alfama. Hoje é a Catedral de Santa María de la Sede. Sevilha era a sede do mundo, mas existia também a sede dos marinheiros bêbados dos oceanos que haveriam de atravessar, oceanos, mares nunca dantes navegados, marinheiros que passaram muito além da Taprobana, com armas e barões assinalados. Em Santa María de la Sede, existia também a sede dos carpinteiros, pedreiros, arquitetos, que acorriam de toda a Europa para construir esse monumento comemorativo da expulsão dos árabes. Carpinteiros, pedreiros, arquitetos, que se tornariam marinheiros, construindo o Novo Mundo, o Império das Índias, essa nova catedral dos tempos modernos, desde sempre mal-entendidos ou mal-entendidas, seja como for. Já agora saindo, partindo da sinagoga, contemplando os restos da mesquita, os vitrais da catedral, cientes de que atravessamos a história do monoteísmo, deparamos com a inscrição dos construtores da catedral – "Construamos um templo tão grande que quem o vir um dia pensará que fomos loucos".

Existe em Madri uma edição da correspondência completa de Freud diferente de todas as outras, por ser em ordem cronológica, não por correspondente. Surpreendente, precisaria ser complementada. Deveria apresentar não apenas as cartas de Freud, mas também as de seus correspondentes, resguardando a ordem cronológica. As mãos que escreviam cartas escreviam também teorias, de maneira que as cartas servem para discutir, aprimorar, preparar o que aparecerá como teoria, enquanto os artigos teóricos são prolongamentos das cartas, a elas retornam. Assim, a edição completa das obras da psicanálise, cartas ou teorias, comportaria as cartas acompanhadas em ordem cronológica dos artigos teóricos de uns e dos outros, em cada ano. Essa seria uma história da psicanálise feita a partir de leituras intercalares que reunissem cartas de todos os correspondentes acompanhadas dos artigos teóricos que cada qual escrevia. Contar o que não foi contado, que é evidente. Ninguém nessas histórias que contamos é puro espírito. Ninguém vive em mundo apenas de ideias. Freud chegou a Viena ainda criança, em família imigrando da Galícia. A história da psicanálise é a história da ascensão social fulgurante de um grupo de imigrados judeus em Viena – fato ausente nas hagiografias que se dão como história da psicanálise. Contamos histórias das margens da psicanálise. As margens então não são apenas duas. Guimarães Rosa nos mostrou a terceira margem do rio, esta, bem no centro. Assim, nossas histórias da psicanálise são centrais. Cada volume teria como epígrafe: "Construamos obra tão grande que quem a vir acabada pensará que fomos loucos". ●

APRESENTAÇÃO
AS MULHERES DE FREUD

Vera Iaconelli

Ao ler este tão inspirado livro, veio-me à mente outra figura contemporânea de Freud dentre os inúmeros artistas, escritores, políticos e cientistas que nele aparecem, quando o autor nos convida a mergulhar nessa época em que a psicanálise já ia para seus 20 anos. Trata-se de Marie Skłodowska Curie, pioneira nas pesquisas sobre a radioatividade, conhecida pela proeza de ser a primeira mulher a ganhar o Prêmio Nobel, tornando-se também a primeira pessoa a recebê-lo duas vezes e em duas áreas distintas: física e química. Menos para comparar genialidades do que para ilustrar riscos a que estão expostos pioneiros em campos de pesquisa, cuja matéria-prima seja tão potente quanto incontrolável. É sabido que a cientista, assim como o marido e outros envolvidos nessa pesquisa, viria a morrer em decorrência do contato prolongado e desprotegido com a radioatividade.

Freud e demais envolvidos na obsessiva pesquisa do inconsciente também vão se descobrir, tarde demais, expostos a rico material, cujo poder de cura não esconde o risco de adoecimento. Isso que tem a pretensão de curar, e o faz, quando mal manejado, revela-se tóxico.

Cura do câncer, por um lado, bomba atômica, por outro, veremos que a arrogância diante do desconhecido nunca foi boa conselheira. São Anos Loucos, *Années Folles* ou *Roaring Twenties*, dirá Prado, cuja fina ironia e crítica ácida não escondem a paixão pela psicanálise e o respeito por sua história. Desmistificando seus criadores e revelando sua humanidade falha e equivocada, aproxima-nos do material de seu objeto: a descoberta do inconsciente-radioatividade sem o devido cuidado e conhecimento ao manejá-lo.

Profundo conhecedor da história do movimento que atravessou a cultura ocidental a partir do eixo eurocêntrico, o autor usará a linha do famoso carretel do jogo do *fort-da* para falar da grave dificuldade de Freud de se separar das adoradas filhas e, mais ainda, do efeito da pesquisa psicanalítica no seio desprotegido das relações familiares. Mais ainda, o efeito das paixões – e mortes – familiares no âmago da teoria.

Prado sugere uma forma própria de trabalhar o material – tanto o inédito quanto o já anteriormente publicado –, entrelaçando os fatos cronológicos íntimos com a formulação das teorias para nos propor questões instigantes. A reflexão que essa metodologia suscita tem efeitos sobre o leitor, que não sairá com a mesma impressão do criador da psicanálise e de alguns de seus seguidores. Aula de iconoclastia que a psicanálise preza defender, por ser contra a manutenção de mitos, principalmente entre seus fundadores. Humanizar Freud para melhor fazer uso de suas descobertas.

Neste volume, temos acesso, através de correspondência inédita, e também de material já conhecido, a uma parte significativa da vida privada da família Freud. Aquela que melhor revela Sigmund como um pai notoriamente invasivo. Cioso de suas três filhas – além dos três filhos homens –, dedicado e amoroso, Freud amargou a perda precoce daquela que seria a preferida, Sophie, em decorrência de uma pneumonia fulminante.

O neto, filho de Sophie, por sua vez, não é ninguém menos do que o menino que levou a fama pela brincadeira do carretel. Este livro apresenta pela primeira vez o *Diário* de Sophie com seu filhinho Ernst, no qual aparece a célebre cena do *fort-da*. A criança, Wolfgang Ernst Halberstadt – sobrenome do pai –, cresceu e veio a se chamar W. Ernest Freud pela necessidade de sustentar e manter a linhagem dos Freud. Por fim, apenas Ernest Freud, neto d'O Freud. Com a morte prematura e traumática da mãe, Ernest vai conhecer uma série de desventuras, em parte pelas circunstâncias da época, em parte pelas dificuldades próprias dos Freud – cuja história transgeracional de humilhação e perdas deixa profundas marcas –, em parte por seus temerários experimentos psicanalíticos.

E que época! O período entre as duas Grandes Guerras Mundiais, em cujo epicentro habitavam a epidemia de gripe de 1918 e a Grande Depressão econômica. Nada mau como contexto para a produção de *Além do princípio de prazer*. Mas, se a época era propícia, a grande sacada do autor é de nos revelar o quanto o mundo privado foi tanto ou mais responsável pelas formulações que lemos em "*APP*", para os íntimos. E Prado está entre os íntimos desta e de outras obras monumentais de Freud, como podemos ver em sua colaboração na primorosa publicação das Obras Incompletas de Sigmund Freud, realizada também pela Autêntica. Projeto que pode ser considerado motivo de orgulho para o mercado editorial da psicanálise brasileira, principalmente em tempos de pandemia e renovadas ameaças à democracia em nosso país. O livro apresenta ainda a obsessiva análise de Anna Freud, levada a cabo pelo próprio pai, um material riquíssimo para entender as origens das formulações da pulsão de morte, intimamente ligada à homossexualidade da filha, bastante induzida pelo pai, que afastava da filha todos seus pretendentes. No mesmo ano em que publica *Além do princípio de prazer*, Freud publica também "A psicogênese de um caso de homossexualismo numa mulher"; e Prado propõe entre eles um paralelismo inquietante. Para o *Além*, as sabidas contribuições de Sándor Ferenczi, Victor Tausk e Lou Andreas-Salomé não serão negligenciadas aqui, tampouco voltaremos a ler Freud da mesma forma ao conhecer o teor da correspondência da família.

O desfile das mulheres de Freud não para em Sophie, como sabemos. Sem nem tocar no nome das pacientes desbravadoras da psicanálise instantaneamente associadas a Freud, veremos uma constelação feminina de tirar o fôlego do leitor: Anna, não a "O", mas a filha paciente; Martha, a esposa; Minna, a cunhada amiga íntima; Mathilde, a filha mais velha; Andreas-Salomé, a discípula disputada; Dorothy Tiffany Burlingham, paciente e nora, vivendo com a filha...

O *continente negro*, que Sigmund tenta desbravar, conhecer e controlar, irradia, deixando o pretenso conquistador chamuscado.

A nós caberá assumir que não há escusas para o mau uso desse poderoso legado que herdamos do gênio de Sigmund Freud. O sofrimento dos pioneiros nos serve de alerta e reflexão e nos coloca, mais do que nunca, diante da ética da psicanálise. ●

ANOS LOUCOS
ANNÉES FOLLES
ROARING TWENTIES
PSICANÁLISE

Em 1920, Freud escreve o *Além do princípio de prazer*, no qual a compulsão de repetição e a pulsão de morte têm tamanha importância, nelas, o *fort-da*, tirado, como veremos, do *Diário* da filha. Paralelamente escreve "Sobre a psicogênese de um caso de homossexualidade feminina". É a época em que na Europa, no mundo inteiro começam os Anos Loucos, *Années Folles, Roaring Twenties*. A compulsão de repetição governa o mundo, a pulsão de morte também, a morte, a vida, de mãos dadas, *fort-da*, guerra-paz, crises-desenvolvimento, miséria-riqueza, emprego-desemprego, bombardeio-reconstrução, *fort-da*. O *Diário* de Sophie é precursor, não cessa de se desenrolar, escrever-se, apagar, reescrever, apagar, escrever, a mãe, seu bebê, em outros tempos, outros lugares, a Virgem, Jesus-menino, deambulando em Veneza, Florença, Pádua, Roma, Viena, Madri, Lisboa, Paris, Bayeux, Balbec, capitais do barroco, do gótico, do cristianismo, ou então nem tão capitais, basta dizer nome de cidade, onde tem igreja, o que mais se vê é a Virgem, o menino Jesus, o Cristo, repetição, compulsão infatigável, verdadeira matraca cultural, se ainda não compreendeu, agora compreenderá à força, à insistência, trata-se da mãe, seu bebê, *fort-da*. O nome do pai, nome-do-pai? Brincadeira, nuvem de fumaça, José, escondendo esse núcleo, duro, sólido, central, a mãe, seu bebê, *fort-da*. Mesmo a psicanálise, temos a impressão, bate nessa tecla: a mãe, seu bebê, recriando a família como núcleo central, complexo de Édipo, *fort-da*.

No princípio ninguém quis levar a sério a Primeira Guerra Mundial. Ela começou como erro[1] que acabaria logo, com a Áustria e a Sérvia de protagonistas; porém a elas se uniram a Alemanha e a Rússia. Como havia dominó de alianças e acordos, logo se generalizou, virou Grande Guerra. Foi ficando preocupante quando se transformou em duradoura guerra de trincheiras, depois desesperante quando virou guerra de atritos, de desgaste. Tudo começou a terminar com a Revolução Bolchevique, quando a Rússia sai da guerra, entram os Estados Unidos.

Os Aliados vencem a guerra, mas são os blues e os tangos que invadem o mundo. Em toda parte se dança "El Choclo", "El Negro Alegre". Os norte-americanos inventam os discos, as vitrolas tomam conta de tudo. Os filmes de David Griffith, de Charles Chaplin, de tantos outros, invadem as salas dos cinemas. Josephine Baker, Fred Astaire, as claquetes fazem sensação no mundo inteiro. Tristan Tzara, Louis Aragon, Francis Picabia e outros lançam em Zurique, Nova Iorque, Bruxelas e Paris o movimento dada e o dadaísmo, questionando, criticando tudo que encontra pela frente, repetindo sempre "dada, dada".

Em toda parte se dança o *charleston*, o *swing*, os mesmos gestos repetidos, as mesmas roupas, a mesma música,

---

[1] *"Une guerre 'fraîche et joyeuse'"* (ZELDIN, T. La Grande Guerre (1914-1918). In: COLLECTIF. *Une histoire du monde au XIXe siècle*. Paris: Larousse, 2013. p. 410-434.

os mesmos lábios bem pintados de vermelho, em forma de coração, *le cœur en bouche*, o mesmo penteado, salto alto, cabelos com gomalina, fazendo vírgulas na testa, os mesmos suspensórios, camisas aparecendo. Uma moda está criada, tolera variações. Quanto mais é diferente, mais o mesmo é, *fort-da*.

A rádio une os povos. Enchem-se salas de *O gabinete do Dr. Caligari*, de Robert Wiene, de 1920, de *Órfãs da tempestade*, de David Griffith, e de *Corações em luta*, de Fritz Lang, ambos de 1921, do *Dr. Mabuse*, do mesmo autor, do *Nosferatu, o vampiro*, de Friedrich Murnau, de 1922, sem contar os filmes de Charles Chaplin, de Buster Keaton. Os diretores, as atrizes, os atores são estrelas internacionais. Os psicanalistas são Drs. Caligari e Mabuse.

Para melhor compreender a psicanálise, a história, há o importante artigo de Bruno Bettelheim, "A Viena de Freud".[2] Diante da mais extrema urgência, o essencial é esperar. "A situação é com certeza desesperadora, mas não se pode dizer que seja grave." Dancemos valsas vienenses, encaminhemo-nos remando, nadando, lutando, dançando para a morte. Essa era a Viena de Freud, Viena, capital mundial do barroco, Sevilha o era do gótico. O psicanalista espera, a psicanálise é arte de esperar.

Em 1918, Freud começa a analisar sua filha, em 1919 escreve *O infamiliar*;[3] em 1920, *Além do princípio de prazer*, ao mesmo tempo em que escreve "Sobre a psicogênese de um caso de homossexualidade feminina".

---

[2] BETTELHEIM, B. *Freud's Vienna and Other Essays*. New York: Alfred A. Knopf, 1990.

[3] Há diferentes traduções desse título, entre elas: *O estranho, O estranho familiar, O inquietante, O inquietante familiar, O sinistro*.

Tudo isso acontecendo, tantos outros livros sendo escritos. Em 1920, Stefan Zweig publica *O medo*, Schnitzler, Joseph Roth, Hugo von Hofmannsthal publicam trabalhos importantes. *A ronda*, de Arthur Schnitzler, escrito em 1896, rende-lhe um processo em 1921. Mais tarde Zweig publicará *O mundo de ontem: memórias de um europeu*, em que lembra como era Viena um pouco antes dos Anos Loucos. Hannah Arendt dirá – nesse *Mundo de ontem* de Zweig, não havia greve, miséria, mendigos. Em 1918, Schnitzler publica *O retorno de Casanova*; em 1924, *Senhorita Else*; em 1926, *Breve romance do sonho* e *As últimas cartas*. Médico de formação, com estágios em psiquiatria, aplica em seus romances e contos o que aprendeu com a experiência clínica. Freud desde sempre o admira. Em 1919, estreia a ópera *A mulher sem sombra*, baseada no romance de Hofmannsthal de mesmo título. Um ano depois, em Paris, Paul Valéry publica *O cemitério marinho*, Colette edita *Querido*, Proust, *O caminho de Guermantes*, Mac Orlan, *À bord de L'Étoile Matutine* [A bordo da estrela da manhã]. Agatha Christie é traduzida no mundo inteiro, Sinclair Lewis, Ievguêni Zamiátin também, seu *Nós* descreve o mundo soviético, pulsão de morte. Tristan Tzara, criador do dadaísmo, filosofia feroz individualista, apresenta no teatro sua última peça, *Primeira aventura celeste de Monsieur Antipyrine*. Vsevolod Meyerhold funda o grupo de teatro Outubro Teatral, Erwin Piscator funda em Berlim o Grupo de Teatro Proletário. Knut Hamsun ganha o Prêmio Nobel de literatura com seu livro *Os frutos da terra*. Em 1919, em Heidelberg, Hans Prinzhorn começa sua pesquisas com pinturas de loucos; elas levarão, em 1922, à publicação de seu livro *Bildnerei der Geisteskranken* [A arte dos doentes mentais], que revoluciona a arte moderna, de Paul Klee aos surrealistas, passando por Man Ray e tantos outros.

Nos Estados Unidos, em 1919, Johnston McCulley cria *Zorro*, no ano seguinte Edith Wharton publica *A época da inocência*, Edgar Rice Burroughs, *Uma princesa de Marte*. Seis milhões de Ford-T correm pelas ruas do país. Operários se endividam, compram carro, televisão, geladeira. Ford, General Motors, General Electric são nomes que invadem o mundo, compulsão de repetição, pulsão de morte, *fort-da*.

Em 1920, Scott Fitzgerald, escritor típico dos Anos Loucos, publica *Este lado do paraíso*. Quando, além do *Além*, Freud escreve sobre o homossexualismo numa mulher, ainda bem que era uma só, porque em Viena, e em outras grandes capitais, as mulheres vivem abertamente sua homossexualidade, seu homossexualismo, seu lesbianismo, seja como for que se queira chamar, não dando bola para as teses de Freud nem para o que se diz em psiquiatria. Aliás, Sidonie Csillag, cujo nome de verdade era Margarethe Csonka-Trautenegg (1900-2000), se recusa a continuar suas poucas sessões com Freud.[4] Ida Bauer, a famosa Dora, já a havia precedido. Freud não acerta com as jovens de seu tempo. No começo de 1920, Oskar Kokoschka, considerado pintor representativo de Viena, mata sua boneca Alma Mahler. Uma história muito estranha. Kokoschka e Alma Mahler, viúva do grande compositor Gustav Mahler, viveram paixão intensa durante três anos. Quando se separaram, desesperado, ele foi para a guerra, a Primeira Grande Guerra. De retorno, sem conseguir esquecê-la, mandou fabricar grande

---

[4] RIEDER, I.; VOIGT, D. *Desejos secretos: a história de Sidonie Csillag*. Tradução de Laura Barreto. São Paulo: Companhia das Letras, 2008.

boneca exatamente como ela. Vivia com a boneca, levava-a à ópera, passeava com ela. Até que resolveu matá-la. Tudo isso causou grande sensação na cidade e muito além. É ainda nesse mesmo ano que ele produz quadros famosos – *O poder da música* e *Nunca tenha confiança em homens que dançam*. Com muito sucesso, uma de suas peças de teatro é relançada, *O Assassino, Esperança de mulheres, fort-da*.

Entre março de 1918 e dezembro de 1920, *Ulisses*, de James Joyce, é publicado nos Estados Unidos, em formato de fascículos no periódico *The Little Review*. Em dezembro de 1922, é publicado como livro em Paris, pela livraria Shakespeare and Company, muito ao gosto da proprieária, Sylvia Beach. Publicado no Brasil em 1966 pela primeira vez, em tradução de Antonio Houaiss, *Ulisses* e seu monólogo final, feito por Molly Bloom, conhecido como o "delírio do sim", marcaram a literatura do mundo, tornaram-se faróis da história.

Enquanto isso, as jovens de Viena se vestem com vestidos curtos, estilo da época, meias transparentes, brilhantes, coladas à pele. E Anna Freud termina a primeira análise com o pai em 1922. Dois anos depois retoma, mas em 1929 ainda tem algumas sessões. Desde 1925 tinha arrumado companheira, também em análise com o pai, Dorothy Burlingham, quatro anos mais velha. Anna insiste em se vestir como tirolesa, com grossas meias de algodão, fora de moda, até mesmo obedecendo à moda reacionária, conservadora, buscando criar raízes numa cultura que não é a sua, seguindo o pai, que só jura pela cultura e pela língua alemãs, quando sua língua materna é o iídiche.[5] Compram

---

[5] YOUNG-BRUEHL, E. *Anna Freud: uma biografia*. Tradução de Henrique de Araujo Mesquita. Rio de Janeiro: Imago, 1992.

casa de campo, Dorothy leva todos para passeios de carro. Tudo isso Young-Bruehl conta, tudo isso e muito mais. Enfim, Anna ao menos pode sentir-se pioneira. A partir de 1925, 1926, 1927, sua homossexualidade é aberta, vive em casal com Dorothy, enquanto Eleanor Roosevelt, bem mais discreta, começa a revelar o casal que forma com Lorena Hickok no começo dos anos 1930. Bem no meio dos Anos Loucos, Alix e James Strachey se estabelecem em Berlim, em Viena, começam análise, ela com Karl Abraham, ele com Freud, trocam frequentes cartas entre si, onde oferecem retrato íntimo do que era a psicanálise, do que pensavam de Freud, dos encontros de Alix, que tinha então 33 anos, com Melanie Klein, 10 anos mais velha, preparando-se a imigrar para Londres. Adoram ir dançar, inclusive nos bailes das casernas do corpo de bombeiros. Tudo isso Meisel e Kendrick contam, tudo isso e muito mais.[6]

Após a Primeira Guerra Mundial, o fim do Império Austro-Húngaro torna a situação política na Áustria muito incerta. O império se reduz. A primeira república se forma. A queda da Bolsa de Valores causa a explosão do desemprego. No entanto, os vienenses não perdem o senso de humor, de zombaria. A Revolução Russa não está longe. Na "Viena Vermelha" do pós-guerra sopra um vento de renovação. Reconstroem-se praças, prédios, o mundo, enquanto nas ruas amontoam-se mendigos, multiplicando abrigos noturnos e diurnos, em alguns bairros da cidade, acredita-se em liberdade, elegância, festas desenfreadas, garrafas de whisky nas mesas, ambientes

---

[6] MEISEL, P.; KENDRICK, W. *Bloomsbury/Freud: James et Alix Strachey correspondance 1924-1925*. Paris: PUF, 1990.

enfumaçados, fuma-se muito, longas piteiras, tudo isso compõe os Anos Loucos. O individualismo se dissemina, a psicanálise o ajuda, o dadaísmo, de Tristan Tzara, também *fort-da, dada*.

Na França, a patafísica, de Alfred Jarry, afirma-se desde o final do século XIX, tão parecida com a psicanálise que às vezes me pergunto se Freud não os copiou, o dadaísmo, a patafísica, prima-irmã da metapsicologia. Patafísica é ciência de objetos singulares, de soluções imaginárias, atribuindo valor simbólico a eventos falados, com o real bem longe, muito longe, porém ainda assinalado. O Colégio de Patafísica existe até hoje, congregando nomes célebres, sem oferecer terapia, com pouca ligação com o mundo médico, psiquiátrico. Na música, Mistinguett canta "*Ça, c'est Paris*", Ravel impera.

Durante a década de 1920, Paris é a capital cultural do mundo. Entre 1927 e 1929, depois, entre 1934 e 1940, Walter Benjamin escreve *Paris, capital do século XIX*. Em Paris é lançada a *La Révolution Surréaliste*,[7] que com rapidez se espraia por toda a Europa, movimento, revista em que número após número se homenageiam Freud e a psicanálise. Em cada ângulo da capa de uma delas se desenha um triângulo, cada um formado, por sua vez, pelo título de uma obra ou pelo nome de Sigmund Freud: *Três ensaios sobre a teoria da sexualidade* forma um triângulo; *O sonho e sua interpretação*, desenha outro; "Uma lembrança de infância de Leonardo da Vinci", ainda um; e o quarto triângulo é feito pelo título, *Minha vida e a psicanálise*. O surrealismo domina o palco com os poetas André Breton,

---

[7] Agradeço a Srta. Csengé Jarai, de Budapeste, por ter assinalado a presença massiva dessa revista.

Louis Aragon, Paul Éluard; a pintura, com Max Ernst, Juan Miró, Salvador Dalí, Francis Picabia, Pablo Picasso; o cinema, com Luis Buñuel, René Clair, Jean Cocteau. Multiplicam as abordagens simbólicas do mundo, buscam aproximar-se da psicanálise, Dali vai encontrar Freud, é um fracasso. Em Viena estáo Egon Schiele, Gustav Klimt, Arnold Schönberg. A cidade, com Salzburgo, é a capital internacional da música. Em literatura, imperam Arthur Schnitzler, Hugo von Hofmannsthal; o expressionismo domina a pintura. Em 1923 sai no cinema a primeira versão de *Os Buddenbrook: decadência de uma família*, baseado em romance de Thomas Mann, de 1901, logo depois de *A interpretação dos sonhos*.

Para a Europa afluem milhares de estudantes norte-americanos, médicos e psiquiatras entre eles, buscam Carl Gustav Jung, Sándor Ferenczi, Otto Rank, Theodor Reik, Karl Abraham, outros tantos. É uma primeira época de ouro da psicanálise, que prospera. Em 1920 é criado o *International Journal of Psychoanalysis*, os membros do Comitê Secreto, reunidos em torno de Freud, começam a se escrever. Em 1921, 1922, são criadas sociedades psicanalíticas em Kazan, em Moscou, na Índia. Os primeiros volumes das primeiras obras completas de Freud começam a sair do prelo em Madri, em 1922. Freud escreve *Psicologia das massas e análise do Eu*. De congresso internacional em congresso internacional, de fundação de sociedade em criação de associação, de novos livros em reedição de livros antigos, *fort-da, fort-dada*, durante os Anos Loucos, a ascensão da psicanálise é irreversível. Mais de cinco mil artigos de psicanálise são publicados entre 1920 e 1930. Quanto mais os anos são loucos, mais Caligaris, Mabuses aparecem. Exceto que Strachey, em análise com Freud, também seu tradutor, escreve cartas à mulher falando da descrença que atinge a psicanálise já em 1925, com os problemas encontrados por uns tantos analistas norte-americanos com Freud, sem falar dos problemas com Sergei Pankejeff, o famoso "homem dos lobos", outras tantas análises que não funcionam, levantando a hipótese de que Freud seja confuso, tem mania de saber as datas, quando na verdade as confunde, porém é muito criativo, embora às vezes destrutivo com seus antigos amigos.

Por volta dos anos 1920, a psicanálise e as artes estão em ebulição no Brasil. Já em 1899, Juliano Moreira havia mencionado em conferência artigos científicos de Freud. Em 1903, tornou-se diretor do Hospital Nacional dos Alienados. Levou mais de dez anos para que um de seus alunos fizesse tese de doutorado da Faculdade de Medicina, mas, enfim, veio. Em 1914, Genserico Souza Pinto defendeu a tese *Da Psicanálise: a sexualidade nas neuroses*. Em 1920, Francisco Franco da Rocha publicou *O Pansexualismo na Doutrina de Freud*. Em 1924, João César de Castro defendeu tese de doutorado em Medicina com o título *Concepção freudiana das psiconeuroses*. Em 1927, Franco da Rocha e Durval Marcondes escreveram a Freud comunicando a criação da Sociedade Brasileira de Psicanálise.[8] Quanto a *Além do princípio de prazer*, levou dez anos para que chegasse ao Brasil. Em 7 de dezembro de 1930, o *Jornal do Commercio* menciona uma conferência de Júlio Porto-Carrero explicando "as diferenças entre impulsos de vida e impulsos de morte" e, "No ano seguinte, a oposição Princípio de Prazer/Princípio de Repetição seria

---

[8] SALIM, S. A. A história da psicanálise no Brasil e em Minas Gerais. *Mental*, v. 8, n. 14, Barbacena, 2010. Disponível em: http://pepsic. bvsalud.org/scielo.php. Acesso em: 24 ago. 2021.

tópico de curso oferecido pela Liga Brasileira de Higiene Mental, cuja biblioteca disponibilizava exemplar original do *Jenseits*".[9]

Enquanto isso, entre 1922 e 1930, ocorre a Revolução Modernista no Brasil, movimento artístico, cultural, literário caracterizado pela liberdade estética, o nacionalismo e a crítica social, inspirado pelas inovações artísticas das vanguardas europeias, como o cubismo, o futurismo, o dadaísmo e, também, pela psicanálise. Tendo começado durante Semana de Arte Moderna, entre os dias 13 e 17 de fevereiro de 1922, no Teatro Municipal de São Paulo, foi liderada pelo "Grupo dos cinco": Anita Malfatti, Mário de Andrade, Menotti del Picchia, Oswald de Andrade e Tarsila do Amaral. A Revolução Modernista vinha no bojo de amplas inquietudes sociais e culturais. Algumas revoltas ocorriam ao mesmo tempo: a Revolta dos 18 do Forte de Copacabana, em julho de 1922, no Rio de Janeiro, o tenentismo; a Revolta Paulista de 1924; e a Coluna Prestes (1924-1927), que percorreu o Brasil antes de terminar muito mal. Oswald e Mário de Andrade continuaram rumo à Segunda Revolução Modernista, mas isso já são outras histórias.

Em 1922, na Itália, é realizada a Marcha sobre Roma, Benito Mussolini torna-se Primeiro Ministro, estabelecendo-se como Duce do Fascismo em 1925. Hitler já se revela tribuno carismático. Teríamos aqui de contar a história da ascensão ao poder do fascismo, as grandes manifestações populares, as greves gerais, as lutas – mas isso, também,

---

[9] FACHINETTI, C.; IANNINI, G. Nota sem título. In: SIGMUND, F. *Além do princípio de prazer*. Belo Horizonte: Autêntica, 2020. p. 209. Edição crítica bilíngue, reconstituindo a partir daí a história da presença desse trabalho de Freud no Brasil.

já são outras histórias. Durante os Anos Loucos, *Années Folles*, assistimos à reorganização da Velha Europa e depois à ascensão do fascismo, do nazismo, do comunismo, do imperialismo, é a época dos "ismos".

Nos Anos Loucos, a exibição do corpo é importante. Os balés suecos invadem a Europa. Josephine Baker dança o *charleston* quase nua, as dançarinas negras não ficam atrás das suecas em matéria de nudez, dançam todas também nuas, Isadora Duncan se veste com véus vaporosos, os pés nus. Em Viena, Dora Kallmus, Madame D'Ora, aparece nua no palco, em poses lascivas. Lee Miller chega a Paris, onde encontra Man Ray, para quem posa nua. A opereta norte-americana, herdeira, entre outras, das de Viena, vai ocupando o lugar das óperas tradicionais. *No, No, Nanette* é um sucesso.

Outra forma de diversão é o show esportivo, o esporte. "Mas tende mais piedade ainda do impávido forte colosso do esporte. E que se encaminha lutando, remando, nadando para a morte", cantou mais tarde nosso poeta Vinicius de Moraes, enquanto caminhamos dançando, não todas, não todos, dançando, lendo, escrevendo para essa mesma morte. Os atletas rivalizam nas rádios, nos jornais. Os jogos olímpicos de Paris são assistidos ao vivo por mais de 600 mil participantes. Fala-se em cultura de massa, sociedade de consumo, cultura popular, edições populares, jornais. Freud escreve *O mal-estar na cultura*, *O futuro de uma ilusão*.

Durante os Anos Loucos, cada vez menos judeus são nomeados para postos no aparelho de Estado na Alemanha e na Áustria, e o antissemitismo pouco a pouco se alastra. Em 1918, Karl Kraus publica *Os últimos dias da humanidade*, livro importante do século passado, em que trata dos horrores da guerra e considera Viena como laboratório do fim da humanidade. Kraus fala de Viena como capital do Apocalipse Alegre. No mesmo ano, Joseph Roth desembarca em Berlim. É o jornalista mais famoso da Europa, influencia gerações de escritores, entre os quais, reconhecidamente, Thomas Mann e Stefan Zweig, seu amigo íntimo; varam noites conversando, bebendo, bebendo, conversando. Roth detesta Freud, que considera "o confessor dessas senhoritas judias ricas de Viena". Zweig, apesar de sua admiração por Freud, ri muito de tudo de tudo que Roth diz.[10] Roth, autor dos mais belos livros descrevendo o Apocalipse Alegre, suas crônicas de Berlim contando a cidade, seus violentos contrastes, suas belezas passadas perdidas, número após número em seu jornal entre 1920 e 1933, marcado gerações. Mais tarde, seu livro *Berlim* as reúne.

Durante os Anos Loucos, outros escritores aparecem, logo ficam famosos. Albert Londres é lido no mundo inteiro. No começo dos anos 1920 viaja, para a China, para a Índia, e suas reportagens encontram sucesso imenso. Joseph Kessel, durante esses mesmos anos, publica uns 25 romances, a maior parte sobre o que sobra da Rússia, agora "Vermelha", participando da criação da lenda da "Eterna Rússia". Também Mikhail Bulgákov, autor de mais de 30 novelas, publica, nesse mesmo período, o livro *A guarda branca angaria a simpatia dos "russos brancos"*. Se Londres e Kessel, com individualismo militante, estão longe, muito longe, muito longe, dos álbuns de família, Bulgákov está bem perto, muito perto, descrevendo as famílias perdidas durante as tormentas russas. Em 1924, Thomas Mann publica *A montanha mágica*.

---

[10] ZWEIG, S.; ROTH, J. *Correspondance 1927-1928*. Tradução de Pierre Deshusses. Paris: Éditions Payot & Rivages, 2013.

Enquanto isso, Freud analisa Sidonie Csillag, cujo nome verdadeiro era Margarethe Csonka-Trautenegg, e a respeito dela escreve "Sobre a psicogênese de um caso de homossexualidade feminina". Analisando a filha, *Annafilha, Filhanna, Annantígona*. Ambos no *Além*, preparando vida após a morte, longa vida à psicanálise.

O *Álbum* tem história, marginal, como essas que contamos aqui, e cada qual tem a sua. A que vamos narrar agora está muito bem contada, com detalhes, em lindo livro.[11] *Álbum* aparecia, no começo, como *Cancioneiro de amor, Cancioneiro de damas*, ou *Cancioneiro sentimental*, lá na época da Idade Média; depois começou a aparecer como *Álbum* ou *Álbum amicorum*, livro branco em que as mulheres quando viajavam pediam aos amigos de viagem que escrevessem os nomes, pensamentos, frases, sentimentos, poemas originais ou de alguém, até mesmo que desenhassem, algo que lhes permitisse pensar neles tempos depois. Baudelaire se lembra desse sentido da palavra *álbum*, em seu poema "A viagem":

> Entretanto vamos com cuidado,
> Colhendo alguns croquis para teu álbum voraz,
> Irmãos que achais bonito o que longe é encontrado.

O uso da palavra "álbum", habitual há muito na Alemanha, chamado de *Stammbuch* e de *Pöesiealbum*, se prolongou pela Inglaterra sob a forma de santuário, ou de felicidade-do-dia, onde guardar recordações, "aperfeiçoamento do *Álbum*, e como *ultimatum* da amizade apaixonada", segundo o correspondente de Baudelaire, cujo poema que acabamos de ler é a primeira ocorrência

---

[11] COMPAGNON, A. Introduction. In: *Les Chiffonniers de Paris*. Paris: Gallimard, 2017. p. 25.

da palavra "álbum", recuperada por ele por volta de 1820 a partir dos antigos poetas e dos cancioneiros.

E então a moda pega. Na França, depois disso, os primeiros álbuns de família datam de meados do século XIX, tornam-se comuns no final do século. A Bíblia dos álbuns são *As férias*, da Condessa de Ségur. Grande fotógrafo de famílias é Lewis Carroll, enquanto escreve sobre o *País das Maravilhas* e *Através do espelho*, que bem poderia ter sido *Além do princípio dos espelhos*. Os álbuns se vulgarizam por volta dos Anos Loucos depois que Egon Schiele apresenta, em 1918, quadro famoso, *A família*, mostrando homem, mulher, criança, sem mais nada, sem roupas, apenas cada corpo escondendo o outro.

No começo do século XXI, em 2003, o Musée d'Orsay em Paris, consagra exposição aos álbuns de família, figuras do íntimo. São cenas de férias, de divertimento, de brincadeiras, de esportes, refeições, aniversários, casamentos, nascimentos, perpetuando imagens de famílias na intimidade. Salvo quando são diferentes. Por exemplo, nosso grande Nelson Rodrigues escreveu o muito diverso *Álbum de família*, onde o excesso de intimidade acaba se transformando em algo estranho, infamiliar.

Jacob Freud tem dez filhas e filhos, Sigmund tem seis, três de cada; das filhas apenas uma tem dois filhos e morre, acompanhada pelo segundo filho; de seus três filhos, nenhum tem tantos filhos quanto o pai. Temos que esperar o neto, Lucian Freud, imenso pintor, que tem quatorze filhas e filhos reconhecidos – álbuns de família. ●

Freud aos 8 anos e seu pai, Jacob, 1864.

Freud aos 16 anos e sua mãe, Amalia, 1872.

Família Freud, 1876. De pé, da esquerda para a direita: Paula, Anna, Sigmund, Emmanuel, Rosa e Marie Freud e o primo Simon Nathanson. Sentados: Adolfine, Amalia, Alexander e Jacob.

ÁLBUM DE FAMÍLIA I

◢ ALGUMA(S) TEORIA(S), TESES

> O que minha teoria tem de essencialmente novo é que a memória se apresenta não apenas uma só vez de uma só maneira, mas muitas vezes e de diferentes maneiras e que ela é composta de diferentes tipos de "sinais". [...] Ignoro quantas são estas gravações. Mas são pelo menos três, provavelmente mais [...] as diversas inscrições são assim separadas, não necessariamente do ponto de vista topográfico [...].[1]

Assim, o álbum de família, lugar da memória, é composto não apenas de fotografias, mas também de filmes, cartas, objetos díspares, tudo que permita lembrar. Nossos álbuns agora contêm fotos, sobretudo calhamaços de cartas, o mais das vezes organizadas por correspondentes. Com frequência, veremos, é necessário desorganizar os calhamaços, reorganizá-los em ordem cronológica, junto a retalhos, pedaços de papel esquecidos, notas tomadas às pressas.

---

[1] Carta de 6 de dezembro de 1896 a Wilhelm Fliess. In: *A correspondência completa de Sigmund Freud para Wilhelm Fliess – 1887-1904*. Editado por Jeffrey Moussaieff Masson. Tradução de Vera Ribeiro. Rio de Janeiro: Imago, 1986. Para uma história do domínio inglês nas publicações de psicanálise, ver PRADO, L. E.; COLABONE, M. R. Sobre o suicídio: as reuniões da Sociedade Psicanalítica de Viena. *Revista Brasileira de Psicanálise*, v. 53, n. 4, 2019.

As correspondências de Freud não são fenômeno raro. O estabelecimento de álbuns, arquivos, edições com correspondências de família data de meados do século XIX.[2] Sua publicação se estende do final desse século até hoje, em prática editorial que visa à correspondência geral, "onde reina apenas a cronologia", a própria obra sendo considerada da mesma maneira que as cartas, intercaladas a elas.[3] Concentraremos nosso estudo principalmente no que se refere a Ernst nas cartas de Freud. Em decorrência disso, também nos concentraremos em sua mãe, Sophie, em especial na posição que ocupou na família, junto ao pai, e em suas irmãs, tias de Ernst, Mathilde e Anna, a partir de raro documento, o *Diário* de Sophie. Não por acaso as edições da correspondência de Freud com seus filh(a)(o)(s), suas crianças [*Kinder*], têm sempre na capa foto do pai e da filha, Sophie.

Criou-se lenda em torno de Freud, "puro espírito", escrevendo, teorizando, nas nuvens, em mundo desencarnado. O exame atento das cartas mostra que seus escritos teóricos frequentemente estão vinculados a pessoas, e estas, ligadas entre si. *Além do princípio de prazer* é um texto ligado às experiências com seu primeiro neto, à filha, às filhas, ao sofrimento pelas separações; é escrito em paralelo ao relato de caso sobre Sidonie Csillag e à análise de sua *Annafilha*. O tema da morte começa a ser discutido na Sociedade Psicanalítica de Viena em 1913, pouco depois de Andreas-Salomé se achegar a esse grupo de homens.

---

[2] DAUPHIN, C. Pour une histoire de la correspondance familiale. *Romantisme: Revue du Dix-Neuvième Siècle*, Lyon, n. 90, p. 89-99, 1995. Numéro thématique: J'ai toujours aimé les correspondances...

[3] CHOTARD, L. Correspondances: une histoire illisible. *Romantisme: Revue du Dix-Neuvième Siècle*, Lyon, n. 90, p. 27-37, 1995. Numéro thématique: J'ai toujours aimé les correspondances...

Mulher célebre, forte personalidade, tendo sido amante de Rainer Maria Rilke, de Friedrich Nietzsche, entre outros, vem juntar-se a esse grupo de barbudos que, impressionados por ela, muito querem impressioná-la. Ela é amiga do pai, fica íntima da filha. Anna, analisada pelo pai, fixada no pai, sofrendo de masturbação compulsiva, é aconselhada pelo pai a conversar com a nova amiga, talvez algo mais, como saber? O termo "psicanálise" aparece ligado ao nascimento de Anna, e Freud se refere a elas, obra teórica e menina, como suas crianças, suas filhas.[4] Assim, reunimos Ernst, Sophie, pulsão de morte, Andreas-Salomé, Anna. Nem percebemos ainda que *O infamiliar*, sobre o estranho dentro de nós, é escrito pouco depois que Freud começa a análise de sua *Annafilha*. Deve ter-lhe causado estranheza não apenas analisar a filha como também se defrontar com o fato de que ela só pensa em ser igual a ele, ser extensão dele. Anna Freud sonha em assinar seu nome *Annafreud*.

ERNST – ERNEST

No *Diário* de Sophie veremos as cenas iniciais da brincadeira do *fort-da*, do jogo do carretel ou, como, o próprio Ernst veio a chamá-la durante suas entrevistas com jovem e curioso analista, Daniel Benveniste, da brincadeira com o barbante (*string game*). São cenas que Freud não conta, que nenhum dos que epilogaram sobre *Além do princípio de prazer* puderam levar em conta, simplesmente porque esse

---

[4] "Vejo agora quando olho para ti o quanto estou velho, pois tens exatamente a mesma idade que a psicanálise. Vocês me trouxeram, ambas, muitas preocupações, porém, no fundo, espero mais alegrias de tua parte, que da parte dela" (carta de Freud à Anna em data do 6 de dezembro de 1920 [137-SF]).

Diário era desconhecido, vivia esquecido entre inúmeros papéis de Ernest. Com seu *Diário*, Sophie nos envia uma longa carta póstuma. É como se nos dissesse: "Fui afastada por meu pai quando ele descreveu a brincadeira do *fort-da*, relegou-me a segundo ou terceiro plano, mas era eu a mãe, a criança era meu filho. Muito antes do *fort-da*, ele já brincava. Vejam como foi".

A criança que brincava tornou-se idoso. Ernest faleceu em 2008, com 94 anos. Uns 10 anos antes, em 1997, foi contatado por jovem psicanalista. Após ter lido uma entrevista com Ernest, nas vésperas de ele próprio se mudar para Caracas (*fort*), abandonando sua Califórnia natal (*da*), desejoso de verificar se um dos casos clínicos relatados por Anna Freud de fato seria o dele, escreveu-lhe. Em 1999, Ernest o convidou para ir a Heidelberg, na Alemanha, e lhe propôs desenrolar [*unspool*] o carretel de sua vida. Agora que iria morrer – *fort* –, trabalhava enfim sua biografia – *da*.

Em 2001, Benveniste passou cinco dias com Ernest, entrevistou-o, fez cópias do material disponível, inclusive do *Diário* (*da*), cujo direito nos cedeu (*fort*). No ano seguinte, retornou, por mais quatro dias, fotografou, fez mais cópias, copiou, a memória de Ernest se deteriorava. Benveniste construiu retalhos de uma biografia de Ernst/Ernest.[5] Não é a única história contada, são histórias, fragmentos montados, entremeados de gravações. Era entre esses papéis que se encontrava o *Diário*. Benveniste escolheu essa montagem, esse álbum, *As vidas entrelaçadas de Sigmund, Anna e W. Ernst Freud*. Por que restringir

---

[5] BENVENISTE, D. *The Interwoven Lives of Sigmund, Anna and W. Ernest Freud: Three Generations of Psychoanalysis*. New York: International Psychoanalytical Books, 2015. p. 473.

o entrelaçamento a essas vidas? Só a partir da morte de Sophie elas se entrelaçam assim. Outros entrelaçamentos existiam antes. Poderíamos ter outro álbum, *As vidas entrelaçadas de Sigmund, Mathilde, Sophie, Anna Freud*, tanto, tanto as irmãs rejeitavam Anna, tamanha a proximidade entre as duas mais velhas. Veríamos assim os problemas de Anna quando pensa em adotar o filho da irmã falecida, trazendo-o para perto de seu pai, avô da criança, em clara configuração. Poderíamos ter também um álbum *Quem era Ernst para Freud?*. As meninas queriam tanto dar ao avô esse primeiro neto. Ele o queria tanto, sonha com ele, identifica-se, lembra-se de quando era criança. Porém não foi ele, foi seu irmãozinho, que levaria o avô a escrever frases definitivas. De fato, quem foi Ernst para o avô, quem foi Heinele ou Heinerle, os dois primeiros netos de Freud? Seguindo quem se interessou pelo tema da morte na vida de Freud, o neto morto seria reedição de Julius, seu irmãozinho, que morreu antes de seus três anos. Ou sua irmã, Anna, que Freud tanto quis que morresse.[6] Qualquer morto, todos os mortos, seriam reedições de Julius, de Anna. E o sobrevivente, reedição do próprio Freud.

Como ler *APP* hoje em dia, a cena do *fort-da*, sem levar em conta todos os comentários feitos, a obra monumental de Jacques Derrida, na qual se ressaltam *A vida a morte* e *O cartão-postal*?[7]

O *Diário* muda tudo. Assim, Ernst não inventou a brincadeira a partir do nada, como nos fazem acreditar

---

[6] SCHUR, M. *Freud: vida e agonia*. Tradução de Marco Aurélio de Moura Mattos. Rio de Janeiro: Imago, 1981. p. 296.

[7] DERRIDA, J. *O cartão-postal: de Sócrates a Freud e além*. [1980]. Tradução de Ana Valeria Lessa e Simone Perelson. Rio de Janeiro: Civilização Brasileira, 2007.

ilustres teóricos. Pelo contrário. Sua mãe brincava com ele. O carretel, o barbante não caíram do céu. Foi Sophie quem os deu, que lhe ensinou a brincar, que dizia "ooooh" com ele, e depois "aaahh", até mesmo a brincadeira com o carretel era repetição da brincadeira feita pela mãe.[8] Os bebês não aprendem a brincar sozinhos, mas com a mãe, com o pai. A brincadeira com o carretel, sendo a seu ver a brincadeira que a mãe brincava com ele, era também a brincadeira que o próprio avô brincava com ela, sua filha. Freud brincava com Sophie, que brincava com Ernst, que brincava com o carretel.

A partir daqui, que pista seguimos? Abrir um arquivo, um álbum de família, reconstituir quem foi Ernst depois do *Diário*, através de sua presença constante nas cartas de seu avô para seus pais, de sua tia Anna, de quem foi também o primeiríssimo paciente, observado, tanto quanto antes o fora pela mãe, que tudo conta ao avô, observado também pelo próprio avô, a mãe estando ausente? Ou abrir outro arquivo, outro álbum, reconstituir os retalhos, fragmentos de biografia, tal como os apresenta Benveniste, pesquisador curioso? Ou ainda abrir nosso próprio arquivo, antigo álbum, já olhado, examinado, utilizado no volume desta coleção sobre o *Além do princípio de prazer*, carinhosamente *APP* entre nós? Ou tudo junto? Como quem folheia um álbum de família, velho baú cheio de cartas. No fundo, tudo depende da resposta a outras perguntas. Fazer álbum de família, remexer no baú, para quê? Para melhor compreender onde fica a cena da brincadeira com

---

[8] EASTON, J. Guys and Dolls: Exploratory Repetition and Maternal Subjectivity in the Fort/Da Game. *American Imago*, v. 52, n. 4, p. 463-503, 1995.

o carretel que deu tanto pano pra manga? Para melhor compreender Ernst? Para ver como seu avô cozinhava suas teorias? Não bastaria ficarmos com o simples relato do avô? Tudo depende de saber para quê. Ater-nos ao relato do avô conforta a psicanálise em suas teorias. Interrogarmo-nos sobre esse relato abre caminhos para novos universos, talvez até para melhor compreendermos o relato do avô, o que quer ele com seu *Além do princípio de prazer*. Abandonar a esperança de história coerente, de fio a pavio, tudo bem repleto, completo, deixar-nos trabalhar pelo que nos trabalha, nosso íntimo *fort-da*, além do princípio do prazer.

Um pedacinho de papel encontrado por Benveniste, no quarto de Ernest, contém o seguinte rabisco: "Em 2.12.99. Para mim, a questão continua: Por que acho o diário de minha M[ãe] tão decepcionante?". Aos 85 anos, para além do nome? Até meados de 1950, ele se chama W. Ernst Halberstadt. É sob pressão do tio Ernst, da tia Anna, que o muda para W. Ernest Freud. Primeiramente o W. escondido, de seu nome de nascimento, Wolfgang, depois excluído. Ele próprio se define como tendo sido um lobo solitário, errante, *fort-da*, pouco amado? Ser observado substitui ser amado? O excluído, escondido, retorna.

O carretel, o *fort-da* marcaram sua vida. Redigindo a biografia de seu avô, Ernest Jones o entrevistou para saber o que achava da interpretação da brincadeira, se o avô tinha razão. Ernst respondeu que sim. Jones perguntou-lhe então se tinha algo a acrescentar, o entrevistado respondeu que não (*fort*). Anos mais tarde, porém, já após a morte do entrevistador, em nova entrevista a Benveniste, lembrou-se (*da*).

Em Hamburgo, vivíamos num apartamento num terceiro andar, com varandinha que dava para um pátio, e construí algo, curiosamente, um carretel do mesmo tipo que eu brincava em meu berço. Coloquei-lhe um gancho de metal e o jogava da varanda, para pescar coisas que estavam naquele pátio. As pessoas costumavam jogar coisas lá dentro. Não eram tesouros, mas para mim eram importantes, e eu passava muito tempo naquela varanda pescando, era um garoto muito solitário, fiquei solitário depois que perdi minha mãe, depois de perder o amor de minha mãe, e por isso provavelmente tive muito tempo para me isolar na varanda, em paz. E depois foi automático, mas essa foi certamente uma continuação [da brincadeira do barbante – *string game*].[9]

Inventou o termo para evocar sua brincadeira com seu entrevistador, brincando com ele a mesma brincadeira, quem sabe? Também a mesma brincadeira com os ioiôs, de que Ernst gostava tanto. Ou a pesca de sua puberdade: jogar e puxar o anzol. Ou as mulheres que conquista e perde, uma vez, duas vezes. Ou seu trabalho com bebês prematuros, em neonatalidade, onde vai também buscar o bebê que levava sua mãe, ou Heinele, seu irmãozinho, ou ambos. E ainda sua vida, entre a Inglaterra (*fort*) e a Alemanha (*da*).

Em 8 de dezembro de 1918, nasce seu irmão, Heinz Rudolph, chamado de "Heinele" ou "Heinerle". Em 25 de janeiro de 1920, morre sua mãe, grávida de terceira criança. Em 19 de junho de 1923, morre Heinz Rudolph. Entre seus 4 anos, talvez pouco mais, e pouco depois de seus 9 anos, Ernst sofreu severas perdas. Em ambas as ocasiões,

---

[9] Tradução de Kelly Macedo Alcântara.

quando da morte da mãe e depois do falecimento do irmão, é sua tia Anna que vem ficar com ele. Anna tem projetos de adotá-lo, seu pai, avô de Ernst, a dissuade. Em 20 de novembro de 1923, Max, seu pai, casa-se. Ernst o segue. Em 1925, nasce sua meia-irmã. Ele vem sempre passar férias com seus avós, sua tia e, a partir de 1925, com as quatro crianças de Dorothy Burlingham, amiga íntima de Anna, que com ela viverá para sempre, até que a morte as separe. Com seu pai, sua madrasta e sua nova meia-irmã, as coisas se passam mal. Ernst é uma criança com graves problemas. Em julho de 1928, ele vem de férias para Semmering com os avós, a tia. No dia 13, Freud escreve longamente a seu genro sobre seu neto.

Ernst está agora conosco, o que nos dá muito prazer e muito em que pensar. É muito gentil no seu comportamento, dá-se muito bem com as crianças americanas da Sra. Burlingham, que é nossa amiga, desenvolve humor e talento como ator. É certo que ele não está mal aqui e que não lhe é exigido nenhum trabalho sério. Mas não pensem que queremos negligenciar este ponto importante. Sabemos que ele não é suficientemente maduro para sua idade e que tem poucos interesses intelectuais. No entanto, uma entrevista aprofundada que Anna teve cóm ele deu-nos um vislumbre de uma situação realmente triste e preocupante. Na sua vida emocional de criança, ele está em desacordo com todos, em quaisquer situações da casa, não se sente atraído pela escola e corre o risco de se separar cada vez mais de todos, até perder todos os pontos de referência e só pode ter como futuro ser triste e esmagado. É isso que não queremos, e por que não tentarmos por ele o que temos feito repetidamente por outras crianças que estão menos próximas de nós?

Ele diz desde já que no próximo ano letivo não será bem-sucedido; temos o direito de confiar em tais profecias, das quais é o próprio diretor. Você já viu que suas exortações e seu exemplo são inúteis. Queremos que estude de outra forma. Isso deve vir de uma associação íntima com o que ele próprio ama neste momento, em vez de ser imposto como um dever mal compreendido.

Nós, ou seja, principalmente Anna, que está interessada em tais problemas educacionais, concebemos, portanto, o seguinte projeto. Para as crianças de Burlingham, que são educadas da forma mais meticulosa possível, foi aqui criada uma escola privada com excelentes professores, dirigida por uma mulher excepcional, maternal, amiga de Anna, que também tenho em grande estima, cuja boa influência sobre crianças difíceis já vimos o suficiente. A escola está localizada na casa dessa mulher, Eva Rosenfeld, uma casa com jardim em Hietzing, o distrito mais saudável de Viena. Gostaríamos agora que ele ficasse aqui e tivesse aulas individuais apropriadas nessa escola. Deve ser primeiro um período experimental de seis meses; na Páscoa fará um exame em Hamburgo como candidato livre e mostrará o que aprendeu. Se funcionar, continuaremos aqui até que seu interesse pelos estudos e pelo conhecimento se tenha tornado independente e fiável. Esperamos que o ambiente amigável, o exemplo das crianças de que gosta, a influência da compreensão, professores tolerantes no sentido moderno e a perspectiva de prolongar sua estadia em Viena consigam mudá-lo, passando a estudar seriamente. Se essa tentativa falhar, ficarei muito preocupado com seu futuro. E isso seria uma grande pena para ele.

Anna e eu partilharemos os custos. O projeto está pronto e pode ser realizado a partir de setembro. Todo o necessário é seu consentimento, que, espero, você não recusará. O fato de perder o tempo do menino é inútil, pois, a nosso ver, na escola de Hamburgo, ele não fará mais progressos. Só precisamos do seu acordo para esses seis meses; depois disso, todos seremos guiados pelos resultados.

Aparentemente, Max não reage bem à análise do sogro nem às propostas. Em 9 de agosto, segue nova carta (481-Max).

A sua última carta a Anna deu-me a impressão de que você queria defender Bertha contra uma censura nossa que tenderia a torná-la culpada da insatisfação de Ernst. Asseguro que tal censura não existe, e que o nosso olhar é mais profundo na matéria. Sabemos que o garoto é difícil e que não se pode esperar que Bertha consiga algo com ele. Porém, mais do que isso, ainda não lhe confessamos a razão principal do nosso processo. Ernst é de fato um neurótico grave com sintomas óbvios, e é por isso que é tão difícil lidar com ele adequadamente. Isso, claro, não prejudica seu valor nem suas perspectivas de futuro. Ele ainda é uma criança, ainda maleável, ainda não perdido, e é por isso que resolvemos utilizar todos os meios à nossa disposição aqui em casa para educá-lo a tempo. Essa é de fato a única herança da nossa Sophie. Claro, não se pode deixar de pensar no que se perdeu com Heinele.

Diante dessa nova pressão, Max aquiesce. Como não? A partir daí, as cartas estão dadas para Ernst. Sem o adotar, Anna o tem. Suas vidas serão ligadas, de perto, muito perto. Faz carreira no meio analítico, briga com seus colegas, como antes, na família. Em dezembro de 1945, na Inglaterra, Ernst (31) se casa com Irene Chambers (25). Já avançados em idade, sobretudo para a época, 11 anos depois, têm um filho, Colin Peter. Ernst é mulherengo, Irene parece nada ver, o garoto vê tudo, briga com o pai. Ernst acaba se divorciando, volta para o continente, instala-se na Alemanha, onde tem nova mulher, restabelece-se como analista. É lá que Benveniste, jovem analista pesquisador, encontra-o.

O que querem dizer essas cartas de julho, agosto de 1928? Lembremo-nos rapidamente de outro álbum, as cartas de Freud a seu amigo Ludwig Binswanger, corremos para abri-lo, procuramos a carta de 15 de outubro de 1926, onde Freud escreve: "desde a morte de Heinele já não consigo suportar os meus netos, e já nem sequer tenho gosto pela vida". Ernst teria então sido suportado pelo avô? O sogro teria escrito ao genro sob pressão da filha Anna? Quem é Heinele? Quem é Ernst? Quem são os netos para o estranho avô que observa?

Quando abrimos o álbum, o baú, que contém as cartas de Freud, mãos atentas as organizaram segundo seus destinatários. Desorganizamos esses calhamaços e os organizamos de outro modo. Da mesma forma como as cartas anteriores de Freud com seus amigos exigem leituras intercalares, as cartas de família as impõem. Em ordem cronológica, Freud começa escrevendo para Mathilde, depois para Martin, para Olivier, para Ernst e enfim para Sophie. Escreve tanto para Anna que essas cartas merecem volume à parte. Desorganizando os chumaços, reorganizando-os agora, vemos que o pai escreve para filhos, filhas, falando de uns para os outros, dando notícias, respondendo perguntas, sugerindo, perguntando. Escreve sobre Sophie para Mathilde, para Martin, para os outros, o que não é claro nas cartas para Sophie se esclarece nas cartas para Mathilde quando o pai lhe escreve tratando de Sophie. As cartas de família também exigem leituras intercalares, intercaladas, tanto mais quando Freud escreve sobre os filhos, as filhas também para amigos próximos, para Ferenczi, Abraham, para amigos mais distantes, Binswanger, Pfister ou Jones. As cartas, as teorias formam inextricável emaranhado, exigindo, impondo leitura polifônica. Fica prejudicada a leitura que não as tome em ordem cronológica, que não leve em conta seus fios emaranhados. Evocamos, aqui, alguns aspectos desses cerrados tecidos.

A cena da brincadeira do carretel não é isolada. A mãe da criança, Sophie, olha seu filho, Ernst, brincar. Sophie é a quinta filha. Numa constelação de mulheres, foi verdadeira princesa judia. Devido a problemas da irmã mais velha, Mathilde, Sophie passou a ocupar o lugar principal. Mathilde teria perpetuado, garantido a tradição da família. Essa posição agora é de Sophie. O filho de Sophie, primeiro neto do avô, ocupa lugar à parte.

Antes da cena que inspira seu avô, o neto já brinca, a mãe já o observa, conta tudo para o pai. É a própria Sophie que conta ao pai como brinca seu filho. Seu pai observa a brincadeira em setembro de 1915. Cinco anos mais tarde, o avô, teorizante, integra a cena fundadora em seu livro

Além do princípio de prazer, cena à qual assistiu, da qual participou cinco anos antes, à qual acrescentou outras cenas similares, que presenciou mais tarde, ou delas participou, criando outro emaranhado, dessa feita temporal.

Alguns elementos são impressionantes: a capacidade que tinha Freud de escrever cartas para muitos, teorias para todos, em infatigável generosidade, o quanto família e amigos são para ele importantes, fazendo-os existir, viver, uns para os outros, por meio das cartas. Também os subvenciona: ajuda os amigos, financia os estudos de Otto Rank, um pouco mais tarde de Victor Tausk, é financiado por Max Eitingon e por Anton von Freund, que dedicam imensas fortunas à causa psicanalítica. Ao financiar os filhos, impede-os de serem autônomos? O fato é que com frequência não o são, e, quando se casam, ele financia noras, genros, que acolhe como filhas, filhos seus, dedica a uns e outros, a umas e outras, os direitos autorais de tal livro, tal outro livro deve financiar os estudos futuros do neto que ainda nem aprendeu a andar. De maneira que a produção de livros, teorias tem também dimensão de empresa familiar, o que bem verá a filha mais nova, sua Cordelia, *Annafreud*, como se queria assinar. Impressionante nisso tudo é também como evita a separação. As filhas, casadas, não se separam, passam a existir nas famílias epistolares, nas teorias e teses. Que família é essa, em que não existe separação? De que família vinha Freud? Talvez fosse sua mãe, Amalia, descendente de família de rabinos, que desde 1868, mandou que se fizesse um quadro da família? O que são essas cartas, que tanto se empilham, cruzam-se, evocam, insistindo sempre sobre um nome, Freud? Vindo de longínqua bisavó, humilhados judeus, agora se afirmam, escrevem cartas de família, Freud.

◢ OS FREUD

Sigmund Freud e Martha Bernays se encontram em abril de 1882. Em 17 de junho, anunciam seu noivado. Dois dias depois, separam-se. Só se casarão quatro anos mais tarde, em 14 de setembro de 1886. "O casamento representou a união entre um ambicioso filho de judeus orientais imigrados para Viena e uma filha da elite judaica de Hamburgo – proveniente, no entanto, de um ramo que adquiriu fama duvidosa devido à prisão do pai de Martha."[10]

Nosso historiador da psicanálise esquece as sombras do noivo. Não era só o pai da noiva que tinha histórias assim. Lembremos: o noivo tinha sombrias histórias familiares. Jacob Freud, seu pai, tivera dois irmãos encarcerados na Galícia como falsários. O acontecimento foi escandaloso, Jacob buscou a qualquer preço fugir de Příbor, nome tcheco da cidade cujo nome alemão é Freiberg (Friburgo). Jacob tentou estabelecer-se em Leipzig em duas ocasiões, em ambas foi rechaçado. Como na segunda tivesse tentado levar a família, já com Anna e Sigismund, a pena foi mais severa, de proibição definitiva.[11] De volta à Galícia, só com muito esforço conseguiu imigrar para Viena, capital do império. O próprio casal dos pais do noivo gera suspeitas. Como pode uma jovem de 20 anos, Amalia Nathansohn, casar-se com um homem pobre 20 anos mais velho que ela?

---

[10] SCHRÖTER, M. *Sigmund Freud: cartas aos filhos*. Tradução de Georg Otte e Blima Otte. Rio de Janeiro: Civilização Brasileira, 2021. p. 8.

[11] SCHRÖTER, M.; TOGEL, C. The Leipzig Episode in Freud's Life (1859): A New Narrative on the Basis of Recently Discovered Documents. *The Psychoanalytic. Quarterly*, v. 76, p. 193-215, 2007.

Sigmund Freud e
Martha Bernays em 1886.

Assim, a família que se forma é de casal complicado de imigrantes judeus que buscam ascensão social. Seus pais investem em Sigismund, o filho mais velho, como responsável dessa ascensão. Mais tarde, Freud precisa de muito dinheiro. Entre 1887 e 1895 nascem seis crianças: Mathilde (1887), Martin (1889), Oliver (1891), Ernst (1892), Sophie (1893), Anna (1895). Além deles, em 1896, sua cunhada Minna Bernays, tendo perdido o noivo, vem viver com a família. Acrescentem-se a essa gente toda duas empregadas, babá e preceptora. Como se não bastasse, Freud divide com o irmão, Alexander, a responsabilidade financeira da mãe, de uma de suas tias, Adolfine (Dolfi), que cuida dela, a partir de 1900 também de outra tia, Pauline (Pauli), e a partir de 1906 ainda de Rosa, ambas viúvas. Difícil avaliar a importância dessa constelação feminina. Basta lembrar, prosseguindo o que dizíamos, que até o patronímico "Freud" vem do nome "Freyde" ou "Freide", da bisavó do avô de Sigismund,[12] naquela época as grafias

---

[12] KRÜLL, M. *Sigmund, fils de Jacob*. Traduction de Marilene Weber. Paris: Gallimard, 1983. p. 134: "o sobrenome de Freud derivou do

mudavam muito. Yerushalmi, que confirma o que afirma Krüll, também acrescenta a origem do nome "Sigmund": "Em seu 'Memorial' pelo falecimento e pelo enterro de seu próprio pai, em fevereiro de 1856, Jacob Freud escreve 'Shelomoh *Sigmund*' (também em hebreu) nasceu em 6 de maio". Yerushalmi prossegue sublinhando que ninguém parece ter notado que o pai de Freud utilizou "Sigmund" muito antes que o próprio filho o fizesse, crente de que era sua descoberta.[13]

Nessa constelação, Sophie é a preferida, Anna, a temporã, que nasce a contragosto da mãe. Após seu nascimento, pela primeira vez, Martha tira férias longe da família, confia a filha recém-nascida à tia, Minna, sua irmã, e a uma babá, ama de leite. Poderíamos especular sobre o que leva Sophie a ser a preferida, o que leva Anna a ser rejeitada pela mãe. Por enquanto, basta anotá-lo.

Para compreendermos a posição de Sophie, é interessante vermos a de Mathilde, a mais velha. Sophie toma Mathilde como modelo; ambas são coladas à mãe, são vaidosas, adoram roupas, perfumes, joias. Freud é bom pai, atento, disponível quando necessário, confiável. Os filhos têm inteira liberdade; as filhas, menos, seu projeto de vida é traçado pelo pai. Freud é insistente, determinado quanto ao futuro das meninas, invasivo quem sabe?

---

nome 'Freide', da bisavó de Schlomo, mulher de Jesucher, que já vivia em Buczaccz". Também YERUSHALMI, Y. H. *Freud's Moses: Judaism Terminable and Interminable*. London: Yale University Press, 1991. p. 105: "*who loves you with everlasting love. Jakob son of R'Sh(elomo) Freid (sic)*".

[13] YERUSHALMI. *Freud's Moses: Judaism Terminable and Interminable*, p. 132.

◢ MATHILDE

Mathilde, até o casamento, em 1909, com uns 22 anos, é a filha preferida da família. Seu avô, Jacob Freud, escreve para ela em 27 de junho de 1894,[14] quando ela tem cerca de 7 anos e viajou de férias: "Minha muito querida e adorável Mathilde, tua delicada carta me trouxe real prazer. Te envio cinco mil saudações e beijinhos. Os mil primeiros são para ti; tu dividirás os quatro mil outros entre teus irmãos e irmãs queridos, mil para Martin, mil para Olivier, mil e um para Ernst e novecentos e noventa e nove para Sophie. [...] e te peço de que me escreva sempre. Vosso avô Freud, que lhes ama muito".

Essa cartinha mostra bem o espírito faceiro de Jacob Freud, o clima que reinava entre ele e os netinhos, do qual participavam também o filho e a nora. Entretanto, Mathilde tem infância difícil, cheia de doenças, que colocam sua vida em perigo. Em maio de 1905, aos 18 anos, sofre operação de apendicite seguida de graves complicações, das quais nunca se recupera inteiramente. Durante várias semanas em casa especializada, reaprende a andar, a se sentar, a ficar em pé. Em 1908, sofre de peritonite. Passa vários meses em clínica de convalescença.

Mathilde é a pessoa com quem Freud mais conversa sobre seus trabalhos, depois de sua cunhada, Minna. Ela se interessa muito pelas teorias do pai, lê provas de seus novos trabalhos, quer trabalhar mais ainda para ele. Como ele, ela pensa em começar traduzindo livros ingleses. Mathilde gostaria de estudar medicina, não é

---

[14] GÖDDE, G. Mathilde Freud. *Die älteste Tochter Sigmund Freuds in Briefen und Selbstzeugnissen*. Giessen: Psychosozial Verlag, 2003.

Mathilde Freud, anos 1910.

o caminho que o pai lhe reserva. Mathilde vai à ópera, ao teatro, assiste a concertos, vê exposições, lê demais. Adora círculos femininos, bailes, lamenta o destino das "garotinhas" que não podem sair sozinhas, sofre com falta de atividade intelectual séria. O pai a vê casada, com filhos. Mathilde se torna muito amiga do filho de médico de Munique. Infelizmente, não é judeu. Quando lança doces olhares a pacientes do pai, ele lhe descreve a transferência, ela se desencoraja. Em 1908, aos 20 anos, durante curas termais bastante longas em Merano, Mathilde se aproxima de Robert Hollitscher, 12 anos mais velho, comerciante judeu vienense, que já conhecia há dois anos. O pai teria preferido casá-la com discípulos, com Ferenczi, quem sabe? De todo jeito, para ele, aos 22 anos, era ainda muito jovem, mas Mathilde estava preocupada com suas reais possibilidades de se casar. O pai tem de acalmá-la, emprega a força de sua autoridade, de seu paterno amor protetor.

    Carta após carta, seguimos as aventuras, as discussões da jovem rebelde com o pai muito presente. Carta após carta, o pai a dissuade de se casar. No final de março, o pai escreve e diz desejar guardá-la até seus 24 anos. Insiste, tem argumentos, dá a mãe da jovem em exemplo, que só se casou com 25 anos. O pai a quer para ele, para quê? Em 25 de maio, o pai escreve à filha, recebeu Hollitscher em casa, não se impressionou. No final do mês insiste ainda. Um casamento antes dos 23 anos não é imperativo. O pai teme que a filha não compreenda bem as reais intenções do homem que o visitou. No começo de junho, o pai manifesta sua alegria pelo que pensa ser convergência de opiniões entre a filha e ele. Se ela puder esperar ainda um ano, até os 22 anos, Martha, Minna e ele, que ele chama "os idosos", poderão examinar todos os aspectos de questões às quais os jovens são desatentos. No meio de junho, comunica resultado de visitas preliminares entre membros de ambas as famílias, avalia a condição financeira de Hollitscher, encoraja a filha à reserva.

Em 18 de outubro de 1908, dois dias depois de seus 21 anos, Mathilde comunica aos pais, por telegrama, seu noivado. Freud aceita a decisão da filha. Que fazer? O casamento se dá em 7 de fevereiro de 1909. A Sociedade Psicanalítica de Viena oferece como presente retrato do pai, sem barba, que Mathilde recusa, devolve. Aceita em troca serviço de mesa de ouro, prata.

Depois do casamento, mora perto dos pais, visita-os todos os dias. Seus problemas de saúde persistem. Em 1910, recomeçam as operações. Em 1912, engravida, a gravidez provoca "irritação" na ferida operatória mal cicatrizada, forte febre, "aborrecimentos subjetivos". No verão, interrupção da gravidez é imperativa. O pai suspende as férias, anula viagem à Inglaterra, acompanha a filha. Sábia, de bom conselho, muito bondosa, para alguns; autoritária, pretensiosa, para outros, Anna, sua irmã, diz dela, em sua necrologia: "Sua frieza contida, seus ares de dama, acentuados por um estilo de roupas impecável e bem escolhido, pareciam ter como pátria mais Hamburgo que Viena. O prazer que tinha com a natureza e com a literatura, e um interesse caloroso por seus amigos a acompanharam ao longo de sua vida".

Mathilde e Sophie são muito próximas. Aproximaram-se graças ao tricô, que aprendem com tia Minna, também por serem duas meninas em família onde os irmãos têm muitas prerrogativas. Sophie segue a irmã, a mãe, em elegância, feminidade, Mathilde a acha muito bonita. "Sopherl dança muito", escreve, admirada. Ambas se inscrevem na "constelação de Hamburgo", cidade de onde vinha a mãe, onde residia sua família, a avó materna das meninas, sogra tão temida por Freud O pai repete com a segunda filha o que já havia tentado com a primeira, guardá-la em casa o quanto puder. Para imaginarmos seu apego a Sophie, basta segui-la nas diversas correspondências do pai. Carta após carta, Freud escreve sobre as férias às quais se prepara para encontrá-la, sobre a viagem na qual acompanha Martha, a mãe, sobre seu retorno a Viena.

◢ SOPHIE SE CASA

Em 1909, Sophie tem 16 anos. Quando se casa a irmã, ela própria se apaixona pela primeira vez, pelo amigo de Martin, Hans Lampl, de 20 anos, que frequenta a família desde 1901, outro pretendente de Mathilde. Resultado, o jovem não é mais convidado a passar férias com os Freud, é afastado da família. No ano seguinte, Sophie passa férias com os irmãos, em julho envia cartão-postal ao pai, quer montar a cavalo, nadar, como os irmãos. No começo de

Sophie Freud e Max Halberstadt, 1913.

setembro, conta que nada no lago apesar da tempestade, das ondas, que lhe fazem muito bem.

Quanto aos amores, Sophie não se desencoraja. Na primavera de 1912, com 19 anos, fica bastante tempo em Hamburgo com a avó materna. É também a época em que sua irmã está grávida em Viena. Em 7 de julho, o sogro escreve ao futuro genro (329-Max): "Minha pequena Sophie, a quem demos permissão de algumas semanas em Hamburgo, voltou então há dois dias, serena, radiante e decidida, e nos fez uma comunicação surpreendente de seu noivado com o Senhor. Compreendemos que nos declaravam – em certo sentido – supérfluos e que nada mais temos a fazer além de dar a formalidade de nossa bênção".

Mais rápida que Mathilde, Sophie não esperou seus 21 anos. Talvez não se sentisse bem em casa, talvez quisesse seguir a irmã mais velha, Sophie não suporta ter apenas Anna como irmã em casa. A rivalidade entre ambas é proverbial.[15] Outras urgências existiriam. Separar-se do pai? Se for por isso, nem ela nem Mathilde o conseguem. Depois de casadas, continuam grudadas ao pai. Entretanto, seu casamento é preparado com muita rapidez. Em 27 de julho (25-Math), o pai escreve à irmã mais velha, Mathilde:

> Você pode imaginar que a prontidão com que a sua irmã imita o seu exemplo não nos deixou completamente indiferentes. Rapidamente nos convencemos de que não há muito a fazer quanto a isso, e também que não é necessário fazer algo contra isso. Ele é obviamente uma pessoa muito fiável e séria, terno, fino, sem ser fraco, e tudo nos mostra que poderemos ver uma segunda vez realizada entre os nossos filhos essa raridade que é um casamento feliz. Ele é de fato do mesmo tipo que Robert, menos amargo e mais feroz do que R. era então, mas basicamente o mesmo tipo de jovem, perseguindo objetivos bastante semelhantes na vida. Tanto mais notável quanto você e a Sophie não serem nada parecidas. Quer dizer, para Sophie, as coisas correrão muito bem se não forem diferentes por causa dela.

> Mas ela está muito apaixonada por ele, quem sabe o que acontece com uma criança quando se transforma em mulher? Seria muito bom se vocês dois lhe escrevessem algumas linhas, especialmente porque não há qualquer hipótese de voltarem a vê-los no outono.

---

[15] YOUNG-BRUEHL. *Anna Freud*, p. 40 e seguintes. Young-Bruehl descreve os vários aspectos da rivalidade entre Anna e Sophie. Sophie é linda e elegante, veste-se com vestidos à moda; Anna usa vestidos até os pés. E por aí vai.

E para Martin, em 2 de agosto: "Tua irmã realmente noivou, como o prova o recorte de jornal incluso, vindo do *Hamburger Fremdenblatt* de 27.7. Você conhecerá teu cunhado em Karersee, tente ser simpático com ele".

Freud organiza, controla, prepara. Não acha as irmãs parecidas? Aparentemente elas não estão de acordo. Sophie imita a irmã não somente em elegância, mas também casando rapidamente, impondo o casamento ao pai, sem dúvida com o acordo da mãe e da avó.

Em 12 de agosto (335-Max), carta do sogro para o genro, oferecendo-se como sucedâneo de pai, declarando não mais o chamar de "Senhor", porém de "Tu", de "Você". Antes que três anos inteiros se passem desde o casamento da irmã mais velha, casa-se a mais nova, no dia 26 de janeiro de 1913. Por que tanta pressa? Pouco antes, no verão de 1912, Mathilde havia sofrido interrupção médica de gravidez, nunca poderá ter filhos. Tal responsabilidade incumbe agora a Sophie, daí a pressa.

Embora não perca realmente as duas primeiras filhas, como o mostra a continuidade das cartas a cada uma, guardando-as sempre próximas, não parece ser esse o sentimento do pai mais que presente. Porém, compreendia ele a pressa das meninas em casarem? Para que serviriam tais casamentos? Lendo as cartas, temos a clara impressão de duas lógicas diferentes: a lógica do pai, amante, zeloso, ciumento, talvez invasivo, querendo impor autoridade; a lógica das filhas, rebeldes, protegidas pela mãe, retornando sempre à família de origem, em Hamburgo, querendo se casar, para quê? Para dar um neto ao pai.

Desde 1º de janeiro de 1913, o pai que sofre já se consola de perder Sophie, escreve a Anna, a que lhe sobra (24-F), para lhe atribuir "sérias obrigações de filha única". Traça assim seu destino, aliás, não raro em sua época, em seu meio, em que às últimas filhas das famílias cabe zelar pelos pais. Podemos imaginar ao que escaparam Mathilde e Sophie. Na véspera do casamento, seu amigo de Budapeste, Ferenczi, escreve ao pai com certo humor (370-Fer): "Todos os meus votos pelo grande acontecimento de hoje em sua família. 'Não leve muito a sério a perda de membro tão querido de sua família', diria eu, se eu não tivesse razões de supor (visto que o Senhor faz uma revisão cotidiana de seu inconsciente) que o Senhor trabalha há muito seu 'complexo de Sophie', de maneira que o acontecimento não lhe terá encontrado despreparado".

"Complexo de Sophie" é uma expressão que retorna algumas vezes nas cartas do amigo de Budapeste, sempre algo irreverente. A continuidade das cartas a Sophie mostra como o pai trabalha esse complexo, sobretudo tentando evitá-lo, aceitando seu casamento, tentando guardá-la ao mesmo tempo. As cartas do pai à filha, de Freud a Sophie, têm ritmo, tempos próprios, através delas adivinhamos, como em negativo, em seu oco, o que foram as posições das filhas, Mathilde antes de Sophie, presentes pelo avesso nas cartas do pai. Através de cartas a Abraham, a Ferenczi, sabemos o que foram as férias de Sophie, podemos vê-la crescendo, viajando com a mãe, com a tia, as irmãs; depois saindo de casa, as tentativas do pai para controlar seu casamento; a filha rebelde desafiando o pai.

◢ NASCE ERNST, TEORIAS

Já em 23 de junho de 1912, quando Sophie se encontrava longe do lar há várias semanas, em Hamburgo, com Mathilde ainda grávida, Freud escreve a Ferenczi, esboçando

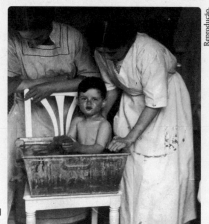

Sophie e Anna Freud com Ernst, 1916.

seu artigo "O motivo da escolha dos cofrinhos" [em *Arte, literatura e os artistas*], quando só uma filha está junto ao velho Lear. Recorda na ocasião teses de Wilhelm Stekel sobre a morte (307-F). Ilustre historiador de Freud, seu médico pessoal, considera que "O motivo da escolha dos cofrinhos" seja precursor imediato de *Além do princípio de prazer*.[16]

Sophie se casa em 26 de janeiro de 1913. Em 26 de março (337-Soph), o pai escreve comentando as saudades que ela disse ter da família, do que ele se orgulha, sua briga rápida com a Alemanha que a acolhe, pondera sua necessária adaptação. Se Max pudesse levá-la para Munique, ele, o pai, poderia visitá-la mais facilmente, com mais frequência. Espera que ela, que eles possam vir encontrá-los para as férias de verão, em julho, caso contrário ele irá vê-los em setembro, mas estará com eles de todo jeito, mesmo que ela venha para as férias. A mãe o fará em breve, ficará várias

---

[16] SCHUR. *Freud: vida e agonia*, p. 337-342.

semanas com ela. Seu aniversário vai chegar, ele quer enviar-lhe um presente, e mesmo se ela não mais aceitar suas mesadas, continua sendo sua filha. Em 21 de abril, escreve para felicitá-la de ter superado sua primeira crise, detalha planos de férias, caso ela não queira vir ficar com eles, sente muito não poder ajudá-la com seus próprios planos, não pode também enviar Anna para que fique com ela durante todas as férias, mesmo que ela prometa não tentar casá-la em Hamburgo, mas o simples fato de uma jovem ficar tanto tempo com casal recém-casado pode dar ideias (338-Soph).

Logo após o casamento, mal terminada a lua de mel, o pai escreve sobre as possibilidades de se reencontrarem. Carta após carta, uma longa carta por mês, às vezes ao casal, outras apenas à filha, ou só ao genro, os planos de reencontro, a ajuda financeira permeiam as cartas. A família Freud parece ter muita dificuldade em se separar, tanto o pai onipresente quanto a mãe que o secunda, apoia, vai ficar com a filha, quem encoraja o outro, quem toma iniciativa? Difícil dizer. A mãe, na sombra, no negativo das cartas, no oco das correspondências, estaria mais presente do que se pensa?

Em 9 de julho de 1913 (409-F), Freud confessa ao amigo de Budapeste que a "condição subjetiva" da redação do artigo sobre os cofrinhos foram suas três filhas. A dor da separação eleva o pai, que teoriza à altura de personagens de Shakespeare, a dor é universal, a teoria é forma de enfrentá-la, o complexo de Sophie permeia tudo, o casamento não os separa, apesar da rebeldia, ela continua sendo sua filha. Muitas cartas se seguem tratando de encomendas de fotos a Max, de férias, da saúde de Sophie. De repente, em 27 de agosto de 1913, oito meses depois do casamento, esta carta para o genro (341-Max): "Por favor, diga a teu doutor [quer dizer ao de Sophie] que ele não deve ficar sentido com a intervenção paterna se lhe rogo que submeta a urina a exame *minucioso* e que não cesse de recomeçar a cada 15 dias. As dores de cabeça frequentes me deixam pensativo, não fazem parte, como as náuseas, de um quadro de gravidez. Espero que não seja nada, mas a prudência nesses casos não atrapalha" (341-Max).

Intervém o pai até mesmo na fecundação da filha? Em sua gravidez? A filha, o genro o informam de acontecimentos tão íntimos em sua vida de casal? Quando souberam seus mais próximos amigos que Sophie estava grávida, em agosto de 1913? O fato é que nesse ano fogos de artifícios acompanham o futuro avô. De Berlim chegam "Algumas observações sobre o papel dos avós";[17] Budapeste comemora – "O complexo do avô";[18] Londres festeja – "O fantasma da mudança da ordem das gerações".[19] Ferenczi e Jones concluem que a criança se identifica ao forte avô. Coincidências?

A excitação com o nascimento do primeiro neto mais se revela em carta de 15 de fevereiro de 1914 ao amigo de Berlim, Abraham: "Que tipo de revolução provocará o novo convidado esperado em Hamburgo ainda não sabemos" (194-F). As cartas servem para perguntar, prever, fazer hipóteses.

---

[17] ABRAHAM, K. Quelques remarques sur le rôle des grands-parents dans la psychologie des névroses. [1913]. Tradução de Ilse Barande e Elisabeth Grin. In: *Oeuvres complètes, t. I (1907-19014)*. Paris: Payot, 1965. p. 129-132.

[18] FERENCZI, S. O. "Complexo do Avô". [1913]. In: *Obras Completas: Psicanálise II*. São Paulo: Martins Fontes, 2021. p. 67-68.

[19] JONES, E. Le fantasme du renversement de l'ordre des générations. [1948]. Tradução de Annette Stronck. In: *Théorie et pratique de la psychanalyse*. Paris: Payot, 1997. p. 372-377.

Em todo caso, a revolução se prepara. Em carta de 27 de fevereiro, Freud anuncia a Abraham, começou a escrever a *Introdução ao narcisismo*, em que os avós ocupam papel singular, servindo à identificação dos netos. No começo de março avisa Ferenczi: "o Narcisismo progride, estará pronto em março. Eu lhe o submeterei para que possa também me indicar em que passagens posso me referir ao seu *Sentido da realidade*". Os "cofrinhos", o estudo sobre o narcisismo, pontuam a separação com as filhas, o nascimento iminente. Wolfgang Ernst nasce em 11 de março de 1914. Imediatamente Freud escreve a Ferenczi: "Esta noite às 3 horas, um garotinho, como primeiro neto! Muito singular! Um sentimento de ter envelhecido, de respeito diante dos milagres da sexualidade! Sophie vai muito bem, o disse ela mesma, ao telefone: 'Não é tão terrível'".

E, em nota: "O *Jarbuch* e o *Imago* foram lançados". Como se fossem nascimentos. Dois dias depois, confirma a Abraham que seus planos de férias para setembro incluem alguns dias em Hamburgo para conhecer o neto, ver a filha, antes de visitá-lo. No 16 seguinte, ainda ao amigo de Berlim, anuncia que "foi um parto difícil". Refere-se, claro, ao parto de seu livro, que o deixa insatisfeito e em que o narcisismo dos pais com os filhos "é apenas renascimento de seu próprio narcisismo infantil", o que vivia com seus próprios pais, ou seja os avós da criança, "*His Majesty the Baby*", escreve Freud em inglês, observando a mãe que brinca com o filho, já antecipando Sophie que brincará com o seu, primeiro neto do avô, teorizando a circulação do narcisismo entre gerações. Infelizmente, nem sempre foi assim, *His Majesty the Baby*. Na vida como ela é, dos psicanalistas, o avô que pariu livro tem outras lembranças. Podemos nós, observadores distantes, associá-las.

Mas houve outro incidente doméstico, quando eu tinha 7 ou 8 anos de idade, do qual me recordo muito bem. Certa noite, antes de me deitar, ignorei o imperativo de não satisfazer minhas necessidades no quarto dos pais em sua presença, e, ao me repreender, meu pai observou: "Esse garoto não será nada na vida". Deve ter sido uma humilhação terrível para a minha ambição, pois meus sonhos fazem alusões frequentes a essa cena e regularmente vêm acompanhadas de uma enumeração de meus trabalhos e sucessos, como se eu quisesse dizer: "Está vendo? Consegui ser algo na vida".

His Majesty the Baby da *Introdução ao narcisismo*, o que se projetava no bebê de Sophie, teve origem bem modesta. Na mesma carta de 16 de março em que anunciava seu difícil parto de livro, Freud já se preocupa com Ernst, cinco dias após seu nascimento: "Penso que tudo vai muito bem em Hamburgo e que minha filha continua a dar provas de coragem e sabedoria. Ele já pode alimentar-se, mas o pequeno animal ainda não bebe como deveria. É estranho que mesmo esses instintos vitais primordiais sejam tão difíceis de despertar".

VISITAS, A GUERRA

A Max escreve, em 4 de maio (347-Max), muito se alegrar de conhecer pessoalmente o pardal [*Spatzen*], frequentemente mencionado. Até lá, ele terá se tornado muito representável [*repraesentabel*] e terá aprendido a gostar de muitas coisas. O sogro atarefado dará uma conferência em Leyde, irá buscar Annerl na Inglaterra, visitará em seguida genro, filha, neto. Em 10 de maio escreve à filha, ao genro, que "E.W. precisa de muito tempo para beber, gritar e dormir sem ser atrapalhado" (348-SophMax).

Em 28 de junho, o arquiduque Francisco Ferdinando, herdeiro do trono austríaco, morre em Sarajevo, alvo de ataque terrorista. Durante o ano anterior, os atentados contra o Império Austro-Húngaro se multiplicavam, tornavam-se frequentes, conduzidos por célebre organização, a Mão Negra. Um mês mais tarde, em 28 de julho, a Áustria declara guerra à Sérvia, é o começo da Primeira Grande Guerra. Curiosamente, um Freud brigão escreve a Abraham:

> Ao mesmo tempo que a declaração de guerra que perturba a paz da nossa estação, chega uma carta sua que enfim me alivia. Estamos finalmente livres de Jung, aquele santo bruto, e de seus acólitos! Estou ansioso para lhe agradecer a grande diligência, eficiência e atividade extraordinária com que me ajudastes e lutastes pela causa comum. Toda a minha vida tenho procurado amigos que não me explorem e depois me traiam, e agora que não estou tão longe do fim natural desta vida espero tê-los encontrado. [...] Mas essa é talvez a primeira vez em 30 anos que me sinto um austríaco e que estou disposto a dar a este *Reich*, do qual não há muito a esperar, outra oportunidade. O moral é excelente por todo lado. O efeito libertador do ato corajoso e o forte apoio da Alemanha têm muito a ver com ele.

É a primeira carta abertamente belicista de Freud. Devido às alianças da época, em agosto de 1914, a Alemanha entra em guerra com a França, dois dias depois é o Império Austro-Húngaro que começa a guerra com a Rússia. Em cartas enviadas à filha, ao genro, no dia 2, Freud, ainda belicoso, comemora a entrada da Alemanha na Primeira Grande Guerra (351-SophMax). A dor da separação promove teorias, agora é compensada por sentimentos guerreiros. "Para dizer a verdade, sente-se agora reduzida a distância geográfica. A Áustria e a Alemanha estão reunidas, e cada notícia que chega produz aqui efeito que parece sair de proximidade imediata". E mais longamente, em 6 de agosto, uma das primeiras linhas diz: "Mamãe está disposta a levar a sério a incorporação de Max" (352-SophMax). É uma das primeiras referências à incidência da guerra sobre a família. Mas Freud prossegue:

> Do que agora nos enche todos nossos corações, não posso lhes escrever mais do que o que cada jornalista dá a seus leitores. Nadamos na felicidade do sentimento de ter reencontrado uma pátria que não existia mais para nós nestas últimas décadas, e o exemplo grandioso da energia, da franqueza e da unanimidade alemãs nos é edificante. Sabemos que lutamos por nossa existência e que o futuro de nossas crianças terá traços incomparavelmente mais bonitos caso ganhemos ao lado da Alemanha. A gota amarga no cálice é o comportamento da Inglaterra, país no qual honrávamos o melhor guardião de nossa cultura.

E termina saudando, "sem esquecer EW".

Freud tem crise de "febre patriótica".[20] Freud é imigrado judeu de segunda geração. Enquanto judeu

---

[20] YOUNG-BRUEHL. *Anna Freud*, p. 63.

austríaco, admira a Alemanha, sem conhecer sua história, suas contradições, Freud a idealiza, conhece suas grandezas, desconhece suas misérias. Na época, Viena é capital do Império Austro-Húngaro, conservador, reacionário, onde reinam discriminações contra judeus. A Alemanha é importante país periférico, democrático, acolhedor para os judeus. Freud sonha com a língua alemã, com a Alemanha, tem sonhos de ser alemão, mas o alemão não é sua língua materna, de infância, não é a língua que ouvia em casa, o iídiche, com a qual brincava na rua, nos campos, em sua vizinhança.

HAMBURGO

Freud escreve para Abraham em 22 de setembro de 1915 relatando o encontro com Ernst (250-F): "Meu neto é um garotinho adorável, que sabe muito bem nos

Heinz e Ernst, netos de Freud, 1923.

conquistar com o seu riso quando se cuida dele, uma pessoa decente, culta, o que nestes tempos de bestialidade desenfreada é duplamente louvável. A educação rigorosa de mãe sábia, instruída nos princípios de Hug-Hellmuth, fez-lhe o maior bem".

Dez anos depois, em 1923, os princípios dessa analista, que tanta glória lhe trouxeram, também a levaram a ser assassinada pelo sobrinho com quem ela os havia aplicado, seu paciente, de quem ela era analista. Foi o ano que se descobriu o tumor na boca do avô otimista.

Freud sonha

Na noite de 8 para 9 de julho de 1915, o avô tem um sonho que o impressiona e logo integra em seu livro sobre *A interpretação dos sonhos*.

> Início vago. Digo a minha esposa que tenho uma notícia para ela, algo muito especial. Ela se assusta e não quer ouvir. Eu lhe garanto, porém, que é algo que a deixará muito alegre, e começo a relatar que o corpo de oficiais do nosso filho enviou uma quantia de dinheiro (5 mil coroas ?)… algo sobre o reconhecimento… distribuição. Nisso vou com ela a um quarto pequeno, com uma despensa, para procurar uma coisa. De repente, vejo aparecer meu filho. Ele não está de uniforme, veste um traje esportivo apertado (parecendo uma foca?), com um pequeno capuz. Ele sobe numa cesta que se encontra ao lado de um armário, como que para colocar algo em cima desse armário. Eu o chamo; nenhuma resposta. Parece-me que seu rosto ou sua testa estão enfaixados, ele arruma algo em sua boca, introduz algo. E seus cabelos têm um reflexo

grisalho. Penso: está exausto? Está com dentes postiços? Antes de poder chamá-lo de novo, eu acordo, sem angústia, mas com o coração acelerado. O relógio marca 2h30.

Freud prossegue:

Também dessa vez é impossível comunicar uma análise completa. Limito-me a destacar alguns pontos decisivos. O que motivou o sonho foi uma expectativa atormentadora daquele dia; havia mais de uma semana estávamos sem notícia do filho que se achava na linha de frente. É fácil ver que no conteúdo do sonho se expressa a convicção de que ele foi ferido ou morto. No início do sonho nota-se o empenho em substituir os pensamentos penosos por seu contrário. Tenho algo muito bom para comunicar, sobre uma remessa de dinheiro, reconhecimento, distribuição. [A quantia de dinheiro vem de uma ocorrência agradável no consultório médico, ou seja, procura desviar a atenção do tema.] Mas esse esforço falha. A mãe pressente algo terrível e não quer me ouvir. Os disfarces são muito tênues, em toda parte transparece a relação com o que deve ser suprimido. Se nosso filho caiu morto, seus camaradas nos enviarão seus pertences; terei de distribui-los entre seus irmãos e outros jovens; oficiais costumam receber reconhecimento após sua "morte heroica". Portanto, o sonho passa a expressar diretamente aquilo que, no começo, pretendia negar, e a tendência à realização de desejo ainda se faz notar nas deformações. [...] Mas nosso filho não aparece como alguém que "cai", mas que "sobe". De fato, ele era um alpinista audacioso. Ele não está de uniforme, mas com um traje esportivo, ou seja, no lugar do acidente agora temido há outro, antigo, que ele teve praticando esporte, quando caiu e fraturou o fêmur andando de esqui. Mas o modo como está vestido, assemelhando-se uma foca, lembra imediatamente alguém mais jovem, nosso netinho engraçado; o cabelo grisalho lembra o pai deste, nosso genro, muito desgastado pela guerra. O que significa tudo isso? Mas deixemos de lado; o local, a despensa, o armário de que ele quer tirar algo (colocar algo em cima, no sonho) são alusões a um acidente que eu mesmo tive com 2 ou 3 anos de idade. Estava na despensa e subi num banco, para pegar alguma coisa boa que se achava numa mesa ou armário. O banquinho virou e uma ponta dele me acertou a mandíbula. Eu poderia ter perdido todos os dentes. A lembrança vem acompanhada de uma advertência: 'Você bem que mereceu', como um impulso hostil dirigido contra o valente guerreiro. Aprofundando a análise, acho o impulso oculto que poderia se satisfazer com o temido acidente do filho. É a inveja em relação à juventude, que o homem envelhecido acredita ter sufocado inteiramente em sua vida, e é claro que justamente a intensidade da comoção dolorosa, caso essa desgraça aconteça de fato, busca tal realização de um desejo reprimido [...].[21]

Com quem se identifica o sonhador que teoriza, com filho ou neto? Com ambos? "Nosso netinho engraçado"

---

[21] FREUD, S. *A interpretação dos sonhos (1900)*. Tradução de Paulo César de Souza. São Paulo: Companhia das Letras, 2019. p. 610-611. (Obras Completas, v. 4). O editor inglês registra que esses parágrafos foram acrescentados às notas de rodapé, em 1919, e incorporados definitivamente no texto em 1930.

subiria em bancos para pegar coisas boas? A juventude perdida reaparece com o neto? Aqui como antes, com a lembrança antinômica, *His Majesty the Baby*, teorias são autobiográficas.[22] E, nas duas ocasiões, o avô se identifica com seu neto. A brincadeira do carretel, o *fort-da* tão famoso, é lembrança infantil de Freud? É tempo de introduzirmos uma nossa deScoberta, o *Diário* de Sophie. ●

---

[22] DERRIDA, J. O "mesmo tu" da autobiografia. [1980]. In: *O cartão-postal: de Sócrates a Freud e além*, p. 327-339.

Sophie e Freud.

INTERLÚDIO I
DIÁRIO DE SOPHIE E SEU BEBÊ

Sophie Halberstadt

TRADUÇÃO
Ana Claudia Fattori, Elisa Mara do Nascimento,
Kelly Macedo Alcântara e Marta Togni Ferreira
– Estação Tradução Campinas

■ 1[1]

2.IV.14 [2 de abril de 1914]

Em 11 de março de 1914, às 3 horas da manhã, nasceu Ernst Wolfgang. Tem longos e sedosos cabelos castanhos, orelhas especialmente bem formadas, pés enormes, mãos grandes, corpo, em contrapartida, muito delicado; pesa 2.900 g. No primeiro dia, dorme a noite toda. Quando é colocado pela primeira vez no peito, após 15 horas, grita desesperadamente, resiste com as mãos e os pés, arranha o peito e se defende o melhor que pode; até seu rosto fica todo arranhado, tem feridas de arranhões por todo lado, por isso suas unhas têm de ser cortadas. Após alguns dias, mama melhor, o dispositivo de sucção para extrair o leite já não é necessário. De dia fica muito calmo; à noite chora e chora. Durante uma semana, perdeu muito peso, 355 g; mas depois que pegou a mamadeira engorda pouco a pouco, seu aspecto está melhor dia após dia; sua pele estava com uma aparência murcha e enrugada; agora está linda e rosada. Três semanas depois

■ 2

recuperou seu peso de nascimento. Seus olhos, inicialmente azul-claros, tornaram-se completamente escuros. Enquanto

---

[1] Os números intercalados correspondem à numeração das páginas do caderninho no qual Sophie mantinha seu *Diário*.

toma mamadeira, na maioria das vezes, fica com os olhos arregalados; já tem um olhar muito firme; você pode facilmente imaginar que ele está prestando muita atenção em algo; na maioria das vezes, franze suas sobrancelhas. Exatamente três semanas depois, notamos suas primeiras lágrimas; nesta altura, também já havia sorrido pela primeira vez. Durante o dia, ainda fica sempre bastante calmo, dorme constantemente. Ao ser vestido pela manhã, esperneia muito; quando é colocado na balança, levanta uma tempestade, e quando é colocado de novo no berço, cai de barriga. Não gosta de ser ensaboado e grita. No entanto, ao ser colocado na água, abandona-se completamente, tem os olhos bem abertos e parece gostar muito quando está sendo enxaguado.

■ **3**

Ao fim (4 semanas) do 1 mês, pesa 3.310 g, ganha o peito e a mamadeira, já tolera melhor ambos. Pela primeira vez, dormiu a noite toda. Após 6 semanas, no dia 20 de abril, pesa 3.685 g. No mesmo dia, é circuncidado, o que o afeta muito. Após algumas horas, conseguiu tirar o curativo e sangra muito; grita bastante e não parece muito bem; no entanto, após alguns dias, está novamente alerta. No dia 19 de abril, foi fotografado pela primeira vez. Estava vestindo uma roupinha e se comportou muito bem. Sempre dorme a noite toda; durante o dia, é bastante calmo. Quando tem 7 semanas, pesa 3.840 g. A senhora Kleve vai embora e tomo conta dele sozinha. Notei claramente que gosta muito quando o lavo lá embaixo; a virilha está um pouco irritada e tenho de ensaboá-lo especialmente bem; depois, mostra um rosto muito satisfeito, estica as pernas e, imediatamente após minha mão chegar lá, ele também abaixa suas mãos. Seu cabelo tornou-se muito claro, e seus olhos, cinza-escuros. Com 8 semanas, pesa 4.065 g e

4

tem 58 cm. Recebe na maioria das vezes uma mamadeira com ½ farinha de aveia e ½ leite e só muito raramente o peito. Ele já mama mais rápido e recentemente tem gritado quando tentamos tirar-lhe a mamadeira para aquecê-la. Desde a 5ª semana, recebe aproximadamente [ilegível]. Até então, só queria deitar-se do lado esquerdo; agora prefere dormir do lado direito; quando se deita do seu lado esquerdo, grita até que alguém o vire. Ele é muito animado. Quando alguém se aproxima do carrinho, ele levanta a cabeça e olha na direção do barulho. Quando tem 2 meses, pesa 4.200 g; agora tem horário fixo: às 7 horas da manhã, primeiramente recebe [incompleto no texto original]; depois, fica acordado até as 10h30 para tomar banho; fica calmo durante horas e brinca com as mãos ou com o guardanapo e o pano na almofada. Também tenta colocar o punho inteiro na boca; quando não consegue, pega os dois punhos e tenta assim. Das 11h30 às 15 horas, dorme e depois fica acordado até as 18h30, quando será preparado para a noite. À tarde, sempre chora muito,

5

fica se mexendo muito sozinho, porque ninguém o pega no colo. Não chupa o dedo há muito tempo, talvez desde a 7ª semana; mais do que isso, ele nem sequer tentou. Com 10 semanas, pesa 4.350 g, com 11 semanas, 4.540 g, e desde então é alimentado com mais frequência na mamadeira. Quando se deita no fraldário, chuta muito e ri; também ri logo quando alguém se aproxima do carrinho e fala com ele. O mais prazeroso para ele é quando cospe; depois fica alegre como se tivesse executado uma proeza. Tem um verdadeiro rosto de malandro, e desde o primeiro dia parecia um verdadeiro menino. Com 12 semanas, pesa 4.670 g; tem uma pequena descamação, mas de resto está bastante alerta. Hoje, 4 de junho, riu alto pela primeira vez; sempre fica muito contente quando entra na banheira. A cor de seus olhos mudou subitamente e agora tornou-se castanho-escura. Com 13 semanas, pesa 4.820 g, tem um quarto de ano de idade e tirou nova fotografia. Agora podemos notar progressos todos os dias; já começa a contar a si mesmo histórias longas,

■ 6

fala durante horas. Com 14 semanas, pesa 4.960 g, com 15 semanas, 5.090 g. Nos últimos tempos, sua cabeça ficou maior muito bem; também seus braços e pernas estão bem gordinhos. Está sempre extremamente feliz e satisfeito, fica acordado com as mãos no ar e brinca com o cobertor de rendas do carrinho. Fica quietíssimo quando se suja; nunca chora, só fica ali deitado satisfeito. Com 16 semanas, pesa 5.370 g. Desde 1º de julho, é capaz de se virar sozinho para se deitar de costas, mesmo tendo sido empacotado. Também já tentou algumas vezes levantar o tronco,

■ 7

levanta a cabeça assim que ouve alguém se aproximar do carrinho. A melhor parte é sempre no banho, quando o ensaboo no fraldário e o levo nos braços para colocá-lo na água, ele se contorce todo de prazer e se regozija. Já me conhece muito bem, desde a 13ª semana; quando mama, na maior parte do tempo olha diretamente para mim. Agora (3 de julho) está muito quente já faz alguns dias e ele não suporta muito bem o calor; fica muito inquieto, chora durante horas e não para, a não ser que receba compressas frias na barriga ou vários banhos no dia. Dorme a noite inteira, mesmo sem a refeição das 22 horas, que não recebe desde

8

30 de junho. Quando se deita de barriga para baixo, levanta a cabeça já muito alto. Com exceção de uma camisa e uma fralda, não veste nada; dá pontapés em tudo até ficar pálido e depois se acalma. Sempre que está acordado, fica com as mãos levantadas ou então chupa o polegar esquerdo, nenhum outro dedo. Com 17 semanas, pesa 5.420 g e tem 62 cm de comprimento. Desde o dia 10 de julho, recebe 130 g de leite e 70 g de farinha de aveia, cada vez 200 g, mas distribuídos em 4 refeições; com 18 semanas, pesa 5.600 g. Durante os dias quentes ele é muito diferente; quando não chora, deita-se apático; não reage de maneira alguma a ruídos, até já pensamos que fosse surdo. No entanto, quando esfriou, ficou animado, alegre, ouvia todos os barulhos, até tinha um sono leve e acordava facilmente. Já levanta a cabeça bem alto; quer sempre chegar a uma posição sentada com o tronco, mas cai sempre

9

para trás. Sempre que o cobrimos, ele tenta pôr os pés em cima do cobertor e só fica satisfeito depois de ter chutado e arrancado a coberta. Chupa o polegar com frequência, sempre antes de adormecer; também durante o dia, fazendo muito barulho, de maneira que possamos ouvi-lo a vários quartos de distância. Quando chupa o polegar, tem ar muito satisfeito. Toma a mamadeira com avidez, esvazia-a em 10-15 minutos. Quando a tiro de sua boca para aquecê-la, berra até ficar com o rosto vermelho; às vezes, imediatamente depois de eu lhe tirar a mamadeira, enfia o polegar na boca e continua a chupar com a mesma força. Com 19 semanas, pesa 6.830 g. À noite, ainda grita por muito tempo antes de adormecer; muitas vezes, recebe uma compressa fria, desde a estação quente.

10

Na maioria das vezes, é divertido e alegre; parece bem, tem a cor melhor do que antes. Às vezes faz movimentos esquisitos com as mãos, põe-nas debaixo da cabeça, dobra-as ou muitas vezes coça vigorosamente a parte de trás da cabeça. Desde o dia 23 de julho, todos os dias ganha um pouco de molho de maçã. No início, não gostava nada, não sabia absolutamente o que fazer com ele quando o tinha na boca, e engasgava-se sempre. Depois, pressiona os lábios ou empurra a boca para frente e cospe. Ele parece muito engraçado, porque faz tais caretas. No entanto, depois de alguns dias, já gosta mais.

11

Depois de comer algumas colheres de chá do molho de maçã, já se sente satisfeito e grita e depois se anima visivelmente quando recebe sua mamadeira. Está usando roupinhas já há alguns dias, mas, como ficou mais frio, ele usa novamente uma faixa. Com 20 semanas, pesa 6.090 g. Hoje cedo, dia 29, alegrou-se muito quando entrei no quarto, mas, quando alguém se aproxima do carrinho, primeiro olha muito alegremente e depois faz uma cara tímida e esconde a cabeça no travesseiro; a maior parte das vezes vira-se para se deitar de barriga para baixo, apoia-se nos braços e levanta a cabeça como uma pequena tartaruga. Quando evacua, faz um grande esforço para empurrar, como um adulto, mas depois se deita calmamente nas fezes sujas sem nos dizer nada; [ilegível] sentir-se muito confortável. Quando alguém tenta tirá-lo do carrinho, ele se enrola todo, esconde a

12

cabeça e dá gargalhadas. Já tento colocá-lo no fraldário; ele gosta muito disso, ri alto quando o faço e tem no rosto uma expressão de orgulho. Além disso, quando está no meu colo e tenho a mamadeira na mão, ele tenta levantar toda a parte superior do corpo, aproxima-se da mamadeira com a boca e deixa a cabeça cair de novo no meu braço só depois de ter pegado bem o bico entre os lábios. Quando lhe troco as fraldas, ele sempre se estende e se estica; também gosta na hora do talco. Às vezes, vou para frente do espelho quando o carrego. Ele olha seriamente e, quando lhe aceno, ele ri. Chupa o polegar durante horas; ocasionalmente, ele fica resmungando bastante, por exemplo, logo depois que o deixamos chorando, ele enfia

■ 13

o polegar na boca, resmunga pelo nariz, fazendo barulhos estranhos, e finalmente adormece chupando o dedo. Grita muito quando lhe tiro a mamadeira e ainda há um restinho de leite dentro dela; no entanto, quando a acaba e a tiro, fica quieto. Recentemente, coloquei o urso no seu carrinho; ele estava chorando, acalmou-se imediatamente e olhou fixamente para ele, um pouco assustado, não parecia muito desconfiado. Ele também tenta agarrá-lo, mas penso que ainda é algo inconsciente, pois agora agarra tudo; arranha incessantemente o carrinho. Quando está cansado, pouco antes de adormecer, coça a cabeça usando exatamente o mesmo movimento que Max, para quem isso é também um sinal de alegria.

Com 21 semanas, pesa 6.260 g; tem 65cm de comprimento; a largura do peito é de 41 cm. Com 22 semanas, pesa 6.340 g; agora também recebe espinafres para

■ 14

comer, não gosta nada, cospe e bufa; prefere quando uso a mamadeira para isso. Agora pratica a ginástica labial, bufa por muito tempo, [ilegível], produz todo tipo de sons, com grande prazer. É geralmente muito alegre, especialmente quando o despimos, ele fica se divertindo, está no seu melhor momento de manhã cedo, quando nos aproximamos da sua cama; está acordado; quando repara em nós, vira a cabeça, finge estar dormindo, levanta-a de novo, olha para nós, ri e estica-se confortavelmente. Quando o acariciamos, ronrona como um gato e mostra sinais evidentes de conforto; dorme em sua cama desde o início de agosto. Quando o coloquei nela pela primeira vez, ele

■ 15

fez uma expressão de surpresa, apoiou-se nos braços e olhou à sua volta; agora gosta de se deitar ali; principalmente de bruços, com o rosto enterrado no travesseiro. Com 23 semanas, pesa 6.490 g (66 cm de comprimento). Sai regularmente todas as tardes; gosta muito de andar no carrinho; veste sempre uma roupinha para isso. Quando me vê com um chapéu, ri, agita as mãos e os pés, fica realmente feliz. Quando vê Max, ele se alegre demais, ri alto; ele também já reconhece claramente Marie. Com 24 semanas, pesa 6.700 g, começa a brincar um pouco, gosta do seu urso e do seu chocalho, que imediatamente põe na boca; às vezes, o pega sozinho

■ 16

quando ele está sobre o cobertor. Com 25 semanas, pesa 6.820 g. De repente começou a brincar com seu urso. Coloquei-o a seu lado, e então ele vira o rosto em sua direção e começa a falar diretamente com o urso, ri e se alegra. Agora também recebe suco de ameixa para beber, mas sua digestão nunca é boa; ou demasiado ou nada. Com 26 semanas, pesa 7.000 g, foi vacinado no dia 5 de setembro. Enquanto bebe, faz sempre um certo movimento com a mão direita; abre-a e fecha-a rapidamente; traduzo isso como "ter, ter". Quando não foi levado para passear uma tarde, gritou três horas sem parar. Ele agora se acostumou

17

a sair para passear. No 8º e no 9º dia após a vacina, estava extremamente inquieto, chorou e reclamou muito, parecia sentir dor no braço. No entanto, depois desses dias está novamente muito alerta, mas só engordou 100 g. Na semana seguinte, apenas 80 g; assim, no dia 21 de setembro, pesa 7.180 g. Ele também come cenouras e couve-flor, da qual não gosta; quando não quer mais comer, engasga-se; também o faz quando não estou prestando atenção e fico falando com alguém enquanto ele bebe alguma coisa, certamente, só para chamar minha atenção. Observa tudo com muito cuidado; consegue se concentrar incrivelmente bem. No dia 20 de setembro, Papa [Sigmund Freud] veio nos visitar. Quando o viu pela primeira vez, ficou muito sério; só depois de algum tempo é que começou a rir, mas não conosco. Quando está deitado de barriga para baixo ao se despir, Papa aproxima-se dele e move rapidamente a cabeça de um lado para o outro. Primeiramente Ernst ficou muito surpreso, depois o imitou; não todas as vezes,

18

só raramente; uma vez, ele até começou sozinho a balançar a cabeça de um lado para o outro. No dia 22 de setembro, de repente, começou a dizer "hapa-hapapa", primeiramente baixinho e então alto, depois se esqueceu disso durante alguns dias, mas diz sempre "mam-mam-mam, hapamam am mam" e parece ficar muito orgulhoso com isso e o pratica constantemente. Ele entra em monólogos muito longos em todos os tons e deleita-se com isso. No dia 27, deitado de bruços, de repente começou a balançar a cabeça sem que ninguém lhe mostrasse como fazê-lo. Papa já tinha ido embora. Agora ele volta a fazê-lo sempre que pode e se diverte com isso. Ele agora é muito sensível, ouve cada pequeno ruído, reage muito fortemente às cores; quando estávamos ao lado do carrinho, Papa me deu flores, mostrei-as ao Ernst,

19

ele ficou extremamente entusiasmado, completamente vermelho, levantou-se sozinho, isso lhe causou grande impressão. Agora ele estuda as mãos, tenta arrancar o polegar da outra mão ou puxa com muita força: ainda não sabe que lhe pertence. Desde essa semana, também me agarra pelas mãos quando tento arrumar algo em seu carrinho; quando está tomando banho, fica fora de controle; chuta e se alegra, espirra água com os pés e quer empurrar a saboneteira para longe de vista; enquanto o faz, faz uma cara muito travessa. À tarde, costumo fazê-lo se sentar um pouco; então ele fica quieto na hora, mesmo se estivesse chorando antes; ele olha em volta de todo o quarto e observa. Chupa muito o polegar, brinca com o urso e

20

com seu chocalho, que fica preso a uma fita presa no carrinho; também tenta se levantar com a ajuda dessa fita. Dá sempre pontapés nos seus cobertores, e depois fica completamente calmo e satisfeito, mesmo que esteja sentindo muito frio. Tentei algumas vezes impedi-lo, mas então ele só ri bastante, vira a cabeça até não conseguir ver e entretém-se com isso; agora desisti completamente e espero até mais tarde; ele prefere se molhar quando acaba de pôr uma fralda limpa, sem dúvida para que eu lhe tire as fraldas novamente, porque ele sempre acha isso muito agradável; geralmente, gosta de cada toque em seus genitais, por exemplo, estica-se sempre muito depressa quando coloco a fralda entre

21

suas pernas, para que ela fique apertada; enquanto faço isso, ele faz uma cara muito feliz.

No dia 25, pesa 7.470 g. Na semana dos dias 21-28, desenvolveu-se muito rápido mentalmente. Fez progressos evidentes, já queria se sentar, fala bastante. Na semana seguinte, esquece-se de parte disso, não quer se sentar de jeito nenhum; aprende as sílabas "ha-ba" e adora praticar todas as combinações possíveis em todas as gamas sonoras. Adora o som do papel sendo amassado; também gosta muito quando vê seu reflexo no espelho. Para Marie, ele tem um tom muito especial; quando a vê, chama "he" com uma voz bem aguda. Quando está muito feliz, sua voz é estridente, e suas mãos e seus pés ficam muito agitados, por exemplo, antes do banho. Come todo tipo de legumes, também maçãs cruas, purê de batatas e arroz; adora tudo, exceto espinafre e couve-flor. Não reconhece sua mamadeira ou ela não é lhe realmente importante; acho que nunca parece muito ávido por comida, poderia facilmente

22

ficar chupando o polegar em vez disso. Mas, quando está bebendo e tiro a mamadeira dele quando ainda há um restinho lá dentro, grita; agora fica insatisfeito quando eu, como sempre, digo que está vazia e encho imediatamente a mamadeira com água. Isso representa para ele o verdadeiro fim da refeição; também é muito preciso com os seus hábitos; faz os mesmos movimentos e sons para as mesmas coisas. Adora brincar com o urso; podemos ouvi-lo da sala ao lado quando ri alto; agarra o urso pelos pés e o atira no chão; frequentemente joga-o bem longe. Acho que ele tem hipermetropia; quando algo chega bem perto dele, ele empurra a cabeça para trás, franze a testa, como se exigisse muito esforço ver dessa maneira. Ele fica tentando agarrar alguma coisa com os pés quando eu o preparo, sempre fica escalando meu peito

■ 23

com os pés. Esta semana, engordou 320 g (o maior aumento até agora); no dia 12 de outubro, pesa então 7.910 g. Acho que seu [ilegível] é sempre periódico. Numa semana, por vezes progride muito intelectualmente; nas semanas seguintes, engorda bastante, fica visivelmente maior e mais gordinho; agora ele se ocupa de seu desenvolvimento físico e possivelmente está desaprendendo o que já sabia. Quando cantamos algo para ele ou assobiamos, ele fica muito alerta, dá pontapés e se anima; bate com o pé para cima e para baixo e escuta com grande interesse. Ele geralmente reage energicamente a ruídos. Quando está se alimentando e ouve passos na sala adjacente ou no andar de cima, para imediatamente, olha à sua volta e escuta com atenção. Parece sentir muitas cócegas; quando minha mão chega perto do seu umbigo ou do seu membro, para sentir se está molhado, ri muito e não quer

■ 24

se acalmar. À tarde, sempre brinca sozinho, conversa com seu urso ou com uma ponta de seu cobertor ou com as mãos. Até a semana passada, comia os legumes na mamadeira; agora ele os come na colher; no começo, não comia; depois de algumas tentativas, ele se acostumou e aprendeu a técnica de engolir e de pegar a comida com a colher. Pouco tempo depois, já come muito bem com a colher; come todos os tipos de legumes, couve-de-bruxelas, salsifi, gosta muito de tudo; no dia 19, pesa 8.040 g; não quer se sentar de jeito nenhum; quando tento levantá-lo um pouco, dá pontapés por muito tempo, até se deitar de novo. Aprendeu um novo som, "hei", e o repete sempre para si mesmo; fala bastante: "ha", "he deidei", "mamam", "baba", alternadamente. No dia 26 de outubro, pesa 8.280 g; nesse dia,

25

notei pela primeira vez que sua urina cheirava fortemente a amônia, especialmente de manhã; no entanto, sente-se bem e está alerta; tornou-se grande e rechonchudo. No dia 2 de novembro, pesa 8.450 g; no dia 9 de novembro, 8.650 g. Está em um período particularmente encantado; é amigável com todos, ri e se diverte, dorme a noite toda e parece muito bem; o urso é seu brinquedo preferido, conversa durante muito tempo com ele e fica muito entusiasmado com os sons que profere; também acho que ele sonha; tenho observado frequentemente que ele ri alto e estala a língua enquanto dorme. No dia 11 de novembro, ele agarra algo intencionalmente pela primeira vez; mais especificamente, o meu medalhão, pouco depois disso, sua mamadeira. No dia 16, pesa 8.780 g. Quando viu Mamãe [Martha Freud] pela primeira vez,

26

confiou imediatamente nela; também parece gostar da voz dela. Algumas vezes, comporta-se de forma estranha quando algum desconhecido se aproxima dele, mas apenas raramente com certo fornecedor Einbecker Milch. No dia 23, pesa 8.880 g e tem 72 cm de comprimento; de repente ficou estranho, bastante exaltado, nervoso; chora e grita muito; fica assustado quando ouve o menor barulho, até mesmo acorda à noite e parece diferente, isso desde o dia 21. Rudolf o examinou várias vezes, também sua urina, mas não encontrou nada. [Rudolf deve ser Rudolf Halberstadt, irmão de Max, médico.] Normalmente, adora ficar sozinho à tarde; agora chora quando alguém sai do quarto, tudo parece incomodá-lo. No entanto, sua digestão é perfeita,

27

tem um apetite excelente, o intestino funciona bastante; mas sua urina ainda tem cheiro forte de amônia e ele parece muito abatido. Ele tem febre pela manhã, 37,2°, e à noite, 37,4-6°; ele também não está falando muito, faz até cara feia e de teimoso. Até o dia 30, ele pesa 9.100 g, mas seu estado não melhorou. Rudolf pensa que ele engordou muito rapidamente, por isso todos esses sintomas; ele deve tomar banhos de sal e óleo de fígado de bacalhau. Ele toma banhos com 200 g de sal três vezes por semana; o óleo de fígado de bacalhau, pela primeira vez, no dia 3 de dezembro; gostou bastante, duas vezes por dia uma colher de sopa inteira. Ainda está muito inquieto, não posso deixá-lo sozinho à tarde de jeito nenhum. No dia 7, pesa 9.280 g; parece um pouco melhor agora, já não está tão agitado e já não chora tantas vezes, volta a ficar sozinho

■ 28

sem chorar. No dia 11 de dezembro, ele tem 9 meses, pesa 9.380 g; alguém desavisado já não notaria seu estado; mas ainda não está completamente bem. Sua urina já não cheira mal e tem evacuado menos vezes. Está feliz novamente, diz "deidcidei" e grita e ri; quanto mais barulhenta está a casa, mais barulho ele faz. Ele agarra tudo o que pode alcançar e quer colocar na boca. Adora puxar meu cabelo e enquanto o alimento, agarra meu rosto, belisca minha bochecha ou meu queixo e, quando grito, gosta muito; mas não

■ 29

solta. Também põe o dedo dentro da minha boca e ri alegremente quando pressiono os meus lábios. Se alguém canta ou fala com ele em voz alta, ele tenta pegar a boca, como se quisesse apanhar o som. No dia 14 de dezembro, pesa 9.539 g. Uma vez, rasgou completamente seu cobertor de lã com seus pés e ficou extremamente orgulhoso de seu feito. No dia 15 de dezembro, foram tiradas fotos suas no estúdio; ele foi muito amável durante o processo. Faz a cara mais feliz quando o beijo, por exemplo, antes de o colocar na cama, não dou nenhum beijo em sua cabeça, e então ele fica radiante, também quando Mama o beijou...

■ 30

Ama ser mimado; notamos isso claramente quando o mexo de um lado para o outro ou o apanho, então ele grita e ri com muito prazer. Geralmente ama quando o carregamos no braço. Voltou a falar bastante; parece estar muito bem. Estranhamente, sua genitália está visivelmente subdesenvolvida, ainda muito pequena. Sempre fica realmente feliz quando se sente bem, e, quando não é o caso, precisa sempre de companhia e chupa muito o polegar, algo que só fazia

■ 31

antes de adormecer. No dia 21, ele pesa 9.760 g. De repente, já não quer mais beber a mamadeira; sempre deixa metade ou um terço do conteúdo e não se pode forçá-lo. Quando está satisfeito, joga a cabeça para trás e costuma dizer "Mama". Esta semana, ele também perdeu 30 g. Agora desliza seus pés e fica muito admirado com isso; também fica maravilhado com suas mãos quando de repente saem das mangas do pijama ao lhe despirmos; depois quer logo desfazer o nó do cordão e muitas vezes é bem-sucedido. Durante o banho, ele fica selvagem; bate com a mão na superfície da água e fica feliz quando ela espirra; quando o seguro por trás, ele sempre vira

■ 32

a cabeça na minha direção como se estivesse pedindo aprovação quando a água espirra. E, quando fala em voz alta ou quando brinca com o urso e repara que estou observando-o, ele para e faz uma cara tímida, ou espera então por aprovação e volta a brincar. Agora agarra com frequência sua mamadeira e quer colocá-la na boca, naturalmente muitas vezes erra o alvo. Quando chupa o polegar e digo: "Ernst, você não tem vergonha? Tire o dedo da boca agora mesmo", faz uma cara arteira, tira o dedo, mas o coloca de volta logo depois; sabe exatamente que não deve

■ 33

fazer isso; é um grande malandro. No Natal, Marie lhe deu um grande Spitz [um cão de brinquedo] que emite um som quando é apertado. Ele ficou muito feliz, grita direto, principalmente quando ouve o som. Tem medo de alguns sons, por exemplo, o do guizo do chocalho alto; quando o ouve, começa a chorar; e também chora frequentemente quando ouve o barulho do carvão sendo despejado. É incrivelmente sensível a ruídos; tem também um sono muito leve e acorda quase todas as noites quando vamos para a cama; no entanto, normalmente adormece rapidamente outra vez; também começa a dizer "deidei" e a estalar a língua. Com frequência no meio da noite. Claramente já reage

■ 34

ao seu nome, há cerca de um mês. Adora colocar seu chocalho prateado inteiro na boca e então cantarola e se alegra com o som que faz. Com certeza se sente muito orgulhoso de todos os barulhos que faz. Às vezes, ainda mastiga enquanto fala; esforça-se muito para isso. Todos os movimentos que faz com as mãos começam com a mão esquerda; só depois usa a mão direita; agora agarra a mamadeira logo que a vê e a segura com tanta força enquanto mama que suas unhas ficam completamente brancas. Ao mesmo tempo ele

■ 35

segura meu dedo em sua mão; de repente o põe na boca, mas imediatamente faz uma cara de quem não gosta nada, tal como um adulto quando prova algo amargo; mas logo volta a experimentar. Desde o seu 8º mês, empurra-se para trás com a ajuda da cabeça e dos pés, suas costas no ar, de modo que desliza bastante para trás, algumas vezes ao longo de toda a cama, e ele realmente ama quando o puxo de volta pelas pernas. Naturalmente, faz o caminho de volta logo depois. Mas o que mais adora é quando consegue chutar o cobertor e alguém está por perto para cobri-lo sempre de novo; quando cobrimos a perna que ficou de fora,

■ 36

ele ri e festeja muito alto e fica muito entusiasmado. Ele arranha tudo que está ao alcance com suas unhas e fica muito feliz com isso. Já faz um mês que se deita no colchão no cercadinho, porque ficou maior que o carrinho. Toda vez que coloco nele o guardanapo pouco antes de comer, ele puxa o ar e começa a fazer barulhos de assobio; agora os faço antes dele, então ri muito malandramente e, em vez dos barulhos, diz "na na dei dei dei", "mamam" ou outra coisa qualquer. Muitas vezes também diz "não, não". Ele adora ouvir quando alguém prepara seu banho; ele gosta muito principalmente de espirrar água.

■ 37

Com 10 meses de idade, pesa 9.800 g; durante esse período, ele sempre perde peso; agora faz cada vez mais tentativas de se sentar, mas não consegue. No dia 28 de janeiro, quando entro no quarto, ele se senta em sua cama pela primeira vez sozinho; às vezes, tenta imitar exatamente todos os sons que lhe são ensinados, por exemplo, um longo "ci ci", ou "Papa"; não quer dizer "Mama"; quando lhe ensino como dizê-lo, ri e diz malandramente: "Papa". Ele está tendo um período terrivelmente agitado, queixa-se com frequência, chora, não quer mais ficar sozinho; desliza para o fundo do cercadinho ou deita-se de barriga para baixo. Quando está com fome ou vê uma comida e quer algum pedaço, diz "njam njam", estica a língua para fora e para dentro; para ele, chupar o polegar nunca é

■ **38**

sinal de fome, sempre somente de sonolência ou meio de consolo, quando lhe nego alguma coisa. Ele pesa agora mais de 20 [ilegível]. No dia 26 de fevereiro, de repente, aponta o seu primeiro dente, no lado esquerdo inferior, sem quaisquer queixas; estava certamente inquieto por um certo período, mas, nos dias anteriores, sentia-se novamente bem. No dia 6 de março, nasce o segundo dente no lado inferior. No seu aniversário, no dia 11 de março, pesa 10.510 g, já consegue se sentar muito bem, não quer se deitar no carrinho. Na primeira vez que foi passear no carrinho, observa tudo à sua volta na rua com grande surpresa; cada pessoa e cada animal desperta-lhe interesse. Diz as sílabas: "dei", "pa", "ma", "da", "nein", "hei", "her", "her".

■ **39**

No entanto, não nomeia nada com sons. Só usa o "deideida" para chamar seu urso, com quem ele conversa ternamente e a quem ele ama muito. Mas para comer ou para mim não tem nome nenhum; quando vê um copo ou um prato, mexe a língua, sinal que para ele significa fome. Desistiu completamente de repetir o que lhe dizemos; com tudo o que ele aprende de cara, acontece de ele desaprender e depois de uma longa pausa de repente voltar a fazê-lo. Na Páscoa, ficou dois dias sozinho com a empregada; quando o tirei da cama de manhã três dias mais tarde, primeiramente me olhou de forma muito estranha. Não quer de jeito nenhum firmar os pés no chão quando o seguro, cruza uma perna sobre a outra, põe o seu peso sobre uma delas. No início de abril, firma bem as pernas no chão quando

40

o seguramos. Durante algum tempo, ficou muito tímido com os amigos e imediatamente começava a chorar; agora é novamente amigável e confia em todos. Quando cantamos para ele "Backe, backe Kuchen" [uma canção/brincadeira infantil alemã na qual se bate palmas], ele bate palmas junto com a canção depois de termos lhe mostrado isso várias vezes e fica muito feliz. Em geral, anda muito orgulhoso de todas as coisas que consegue fazer e espera sempre minha aprovação. Ele passa mais um tempo inquieto; não parece estar bem (meados de abril); tem um severo catarro no nariz, uma condição da qual costuma sofrer com frequência. Tivemos de parar com os banhos de sal

41

que recebeu por muito tempo por estar tão irritado e inquieto. Ele dá agora um salto colossal; há sempre desenvolvimentos físicos e intelectuais periódicos. No dia 20 de abril, aponta seu terceiro dente, no lado superior esquerdo; no dia 28 de abril, o 4º. Ele se tornou muito enérgico; tagarela muitas sílabas incompreensíveis para si mesmo, fica contente por ter companhia quando alguém lhe dá atenção. Também brinca de maneira bem agradável no cercadinho com seus brinquedos, só que isso, na verdade, não é brincar, mas sim explorar. O que mais adoraria seria desmontar tudo, desmanchar, arrancar os olhos de seus bichinhos, as caudas, desmontá-los o máximo possível. Ele também me estuda nos mínimos detalhes, explora com a

42

mão o decote de minha blusa até onde alcança, segue a minha boca com os dedos e fica maravilhado com meus dentes, bem como com os seus próprios, que cresceram bastante. Várias vezes, entra até nas minhas narinas e tenta também arrancar-me os olhos e não acha nada certo que eu feche as pálpebras. Depois vira minha cabeça e tenta tirar os grampos do meu cabelo. Também gosta muito quando Max me beija e me abraça pela manhã para se despedir; ele ri e grita de alegria. Mas às vezes, em contrapartida, não acha isso nada certo

■ 43

e finge ter ciúmes; mesmo quando acaricio seu urso e digo "ci, ci", ele grita e fica zangado. Agora fica de joelhos na cama, mas não mais alto do que isso. Também faz tentativas de engatinhar. No dia 9 de maio, engatinhou no quarto pela primeira vez atrás de abotoaduras, que adora e que gostaria de tirar de todo homem que lhe estenda a mão; quando não consegue, fica muito zangado. No dia 10 de maio, de repente, fica de pé sozinho na cama; quando se levanta, chama sempre "i-a, i-a" muito alto. (No dia 6 de maio, pesa 11.300 g). No dia 18 de maio, caminha pela primeira vez sozinho em seu cercadinho; é claro, segura-se com as duas mãos e anda com passos rápidos e fortes dentro do cercadinho.

■ 44

Sempre joga seu brinquedo de um lado para o outro; depois vai buscá-lo de novo ou joga-o para fora do seu cercadinho através das barras; depois faz um esforço tremendo para recuperá-lo e logo o joga para fora novamente. Agora descobre lentamente seu corpo; está especialmente interessado no seu membro, sempre quer pegá-lo; quando o toco lá, ele grita alto. Aproximadamente desde Pentecostes [sete semanas após o domingo de Páscoa], comecei o treinamento do banheiro; já tínhamos tentado antes e desistido. Mas agora conseguíamos mais vezes. Ele já compreende um pouco melhor o que lhe dizemos. Quando ele segura algo

45

na mão e digo "Dê para a mamãe", imediatamente ele o entrega para mim, mesmo quando agarra algo que não devia; por exemplo, quando morde [ilegível] do cercadinho ou se levanta do penico, basta que eu diga "Ernst, você não deve fazer isso" ou ameace com o dedo, que ele para imediatamente, faz uma careta e em geral começa a berrar terrivelmente. Durante a noite, dorme muitas vezes exatamente como Max, com as mãos cruzadas debaixo da cabeça, e parece realmente muito meigo. Engatinha por toda a casa atrás de mim e depois muitas vezes deita-se em frente a uma porta onde não pode continuar; ele também já tenta se manter em todos os lugares nos quais ele consegue se apoiar, [ilegível] esvaziou completamente duas prateleiras baixas de uma estante de livros; estava tão concentrado no seu trabalho que eu mal consegui levá-lo para comer.

46

Nunca diz "Mama", mas à noite, quando fica rolando na cama em vez de dormir, olho sempre para ele e o coloco no lugar, e ele fica realmente feliz quando me aproximo, e muito suave e acanhadamente ele diz "mamã" ou "mamãe"; ele sabe então, de fato, que esse é o nome para mim. Quando está sentado no penico, digo-lhe sempre "a, a"; agora, quando ele vê o penico, grita sempre "a, a" e também quando está sentado no penico, mas não faz mais nada. Quando se vê refletido no espelho, diz "bapa" sorrindo alegremente, mas também diz "bapa" às outras crianças que vê (ele gosta muito de crianças); quando lhe mostrei uma fotografia

47

dele, primeiro disse "bapa" e então gritou terrivelmente, como se achasse perturbador. Também chama todo cão de "bapa", e quando ouve um latido na rua, ele grita "bapa" muito alto. Quando lhe digo "wau wau", ele ri e depois repete "bapa". Quando vê seu reflexo em objetos brilhantes, também diz imediatamente "bapa". Algumas vezes, disse-lhe "*Butje*" [*Butje* é termo carinhoso para menino, usado em Hamburgo ou no norte da Alemanha], de repente ele também diz "*Butje, Butje*" repetidamente para si próprio. Fica especialmente orgulhoso de poder andar; quer andar sempre mais depressa do que consegue, dá pontapés com as pernas, fica muito irritadiço; quando faço algo de que não gosta, fica muito bravo, pula para cima e para baixo e grita. Adora brincar com uma fita métrica e um pedaço de papel. Adora puxar meus cabelos, e então grito

■ **48**

"au"; depois de isso ter acontecido algumas vezes, puxa meu cabelo e ele próprio fala "au" enquanto o faz. Levanta-se o tempo todo no cercadinho e depois se deixa deslizar com cuidado para baixo; então exige minha admiração e, quando o admiro, levanta-se, infatigável, e orgulha-se muito de sua ação. Coloca tudo o que encontra na boca e prova seu gosto. Em uma ocasião, quando estava extremamente eufórico, agarrou meu braço com as duas mãos e me mordeu e riu muito disso. Também já tinha aprendido bem a dar tchau, mas desaprendeu completamente. Quando ganhou pão pela primeira vez, sempre lhe dizia "Mamãe também", pegava sua mão e

■ **49**

mordia um pedaço de seu pão; agora, quando está comendo alguma coisa e digo "Mamãe também", ele imediatamente me entrega, a maior parte das vezes sem que eu precise dizer-lhe.

O ano todo, não fiz nenhuma anotação e gostaria de acrescentar agora tudo o que ainda lembro. 25 de junho de 1916

———

Com pouco mais de 15 meses de idade, ele está bem treinado para usar o banheiro; mas avisa quando sente alguma necessidade. Não tolera o calor, não consegue dormir, fica exausto. Alugamos um jardim onde passamos quase o dia inteiro. Ele tem um cercadinho lá, por onde engatinha e anda. Ele caminha de forma realmente estável com 18 meses. Em agosto, já andava muito bem; mas depois ganhou palmilhas e não andou por quase um mês inteiro. Consegue se comunicar muito bem. É muito carinhoso comigo. Quando vai embora, desaparece, chama isso de "ooh"; também, quando quer que alguém saia da sala, diz "ooh" à pessoa. Em setembro, Papa [Sigmund Freud] e a tia Minna nos fizeram uma visita. [Esta foi a visita de setembro de 1915, durante a qual Freud fez a observação da brincadeira do *fort-da*]

50

Ele confia logo de cara em Papa, chama-lhe [ilegível] Papa; não o chama de Grosspapa [avô], somente sua fotografia pendurada na sala de jantar; quando lhe perguntamos "Onde está o vovô?", corre até o retrato e aponta. No início, não gosta muito de tia Minna durante o período em que ela vivia em um quarto escuro da pensão. Quando ela vem ficar conosco, ele se acostuma bem rápido com ela e passa a amá-la muito. Fica horas ao lado dela enquanto ela faz artesanato e a observa. Já fala bastante, mas de forma desarticulada. Sua primeira frase é "Minha mamãe aqui". Sempre me chama de "Mamãe". Além disso, primeiro tomou consciência de mim; aproximadamente 14 dias depois, de Max Papa, e então, novamente duas semanas depois, de Hadie. Sempre se agarra a mim, tem um medo constante de que eu possa deixá-lo; especialmente depois que a tia foi embora, ficou mais medroso e carinhoso. Essa partida causou-lhe forte impressão; ficou zangado com a tia, porque ela está longe, não quer ouvir o nome dela por muito tempo e não quer entrar no quarto dela.

■ 51

Quando Max é chamado para se alistar no exército, ele se anima bastante com o uniforme. Chama todos os soldados de "*Daten*" [a palavra alemã para soldados é "*Soldaten*"]; fica feliz quando vê algum. Quando Max foi para o campo de batalha, ele ficou irritado e inquieto o tempo todo, pensa que há algo de errado em casa; teve grave cistite. Não suporta me ver chorando ou triste; então ele vem, diz "ci, ci" e me faz carinho. No dia seguinte à partida, eu estava tão triste e chorei tanto que olhou para mim e disse: "O que faz a Mamãe aí?". Eu disse: "Estou tão triste porque Papa foi embora". Ele me consolou: "Bebê aqui". Adora chamar a si mesmo de "bebê", também quando se vê em fotos ou no espelho. No Natal, Anna [Annerl] esteve aqui; ele a chama de tia Anna e gosta muito dela; ela lhe dá um grande urso, que ele ama e com quem fica sempre na cama de manhã. Prefere brincar com caixas ou com coisas que têm de ser colocadas umas dentro das outras; sempre faz alguma coisa desaparecer e reaparecer. No Natal, ele

■ 52

abre a porta sozinho pela primeira vez; fica muito orgulhoso com isso. Desde novembro, veste conjuntos de duas peças; desde janeiro, calções embaixo da bata. Nos primeiros dias depois da partida de Max, ele ainda corre em direção a cada pessoa que vê passando e diz "Papa, é o Papa"; no entanto, após cerca de 8 dias, esqueceu-se completamente dele. Para comer, sempre diz "hamam"; desde setembro, já bebe leite do copo. Conhece todas as fotos de seu livro de gravuras pelo nome; tem boa memória, observa intensamente; ao ver uma velhinha com chapéu de cloche [*Kapotthut*], por exemplo, ele diz "Vovó Huetti". Ele chama a si próprio de "Ernstmann". No dia 16 de março, Mama nos visita. Ele fica muito junto dela, chama-o de "vó" [*Grossmutta*]; quando ela brinca ou constrói com ele, fica tão feliz que se senta muito quieto, esfrega repetidas vezes a barriga alegremente e diz com suavidade "vó aqui" para si mesmo. Sempre vê quando preparo as encomendas para Max; a cada caixa de papelão que vê, já diz: "Mandar Papi".

◼ 53

Quando o carteiro chega, corre lá para fora, traz-me as cartas e diz "correio para Mami do Papa" ou "Papa carta". Também sempre exige um "lápi" para ele e quer "Escrever carta Papa". Uma vez, toma de mim um lápis e o coloca no buraco da fechadura. Naturalmente, o lápis quebra. Fica muito chateado, corre para mim e diz "lapi". Fico zangada, tiro-lhe o lápis e mostro-lhe que não está autorizado a fazer isso etc. Ele fica muito consternado; corre sem parar de Mama para mim e diz "lápi", em desespero. Meia hora depois, ele evacua de maneira bem comportada; eu o elogio, e ele diz muito humildemente "lápi", como se eu já tivesse esquecido o assunto. Às vezes, imita para mim a maneira como chamo Mama, mas exatamente no mesmo tom, ri muito, entende todas as piadas e se diverte com elas. Quando lhe perguntam seu nome, diz: "Wolfgang Haiberdad", também Parkallee número 18, terceiro andar. Recebe muitos presentes pelo seu aniversário; sabe exatamente que ele é o protagonista e se lembra, mesmo meses depois, de que presentes

54

ganhou. Com 2 anos, tem 16 dentes; os últimos só apareceram recentemente. Em abril, viajei por 2 dias. Dessa vez pergunta por mim; aproveita muito o tempo sozinho com a avó. Quando Max voltou depois de 3 meses fora, ele não ficou nada surpreso, é um dado, confia nele de novo imediatamente. Ele gosta do curativo e também quer ter um. [Max voltou do front com um ferimento por estilhaços na parte de trás da cabeça de um combate em Verdun.] Desde março, anda pelas ruas, mas não aguenta ficar do lado de fora por muito tempo. A partida da avó não o afeta, dificilmente pergunta por ela. Ainda se lembra praticamente de todo mundo que lhe deu cada brinquedo (presente). Ele também conhece todas as relações familiares, quem é parente de quem. Fica muito enciumado quando vê Max me beijar e me abraçar. Certa vez, vem até nós, abraça-nos e diz "É bom conosco". Ele entende os termos: ficar junto, um ao lado do outro, conosco; às vezes ainda os confunde. Ele ficava

55

extremamente sensível caso alguém o olhasse com raiva ou quando gritasse com ele, mas não mais. Quando fala de si mesmo, diz "você" ou "ele". Chama suas necessidades fisiológicas de "você tem que" [ilegível] a outra "fazer o negócio". À noite, raramente está limpo, às vezes nos avisa; durante o dia, está sempre limpo. Memoriza muito rapidamente pequenos poemas e canções; não consegue manter o ritmo ou a melodia. Sabe de cor "Die Vöglein im Walde", "Backe Kuchen", "Kommt ein Vogel geflogen", "Ringelreihen" [canções infantis alemãs]; e também versos de seu livro de gravuras que só ouviu uma vez. Ele é encantado por cães; quer fazer "ei, ei" para todos; ama muito todos os animais que vê. Conhece muito bem as ruas, sempre as anuncia para mim antes de chegarmos. Logo aparecem passarinhos antes de chegarmos a [ilegível]. Adora outras crianças, mas não consegue brincar com elas direito; chora e quer ficar "com a Mamãe" quando elas o tocam etc. Está muito interessado na "nudez da Mamãe"; tenta examinar-me sempre que possível. Sabe o nome das diferentes partes do corpo

■ 56

há muito tempo. Está muito interessado pela chuva; fica na janela e quer "assistir". Desde o final de abril, come à mesa conosco; agora já come de tudo; também começa a se virar bem sozinho com uma colher e um talher de apoio [*Schieber*, uma espécie de faca "segura" para crianças]. Não sente medo de jeito nenhum, nem da escuridão, nem de estar sozinho ou de qualquer outra coisa. Enquanto Max estava fora, dizia sempre "Papa guerra, França"; agora sempre diz "Papa no hospital do exército e Mamãe fica com Ernstmann". Às vezes, chama a si próprio de querido [*Mausi*] ou bebezinho [*Babylein*]; então quer sempre que eu o chame assim. Tem ciúmes, quando admiro a bebê Eva [prima de Ernst do lado da família de Halberstadt], sempre diz: "Mamãe, a bebê Eva é hachach". Ficou bem surpreso quando a viu ser alimentada pela primeira vez, sempre diz: "A bebê Eva toca a barriga da tia Betty"; isso o deixa um pouco repugnado, não gosta de ver. Quando Max se deita no sofá, corre até ele para "cobrir Papa", como me viu fazer. No início, quando começou a falar,

■ 57

repetia cada palavra aleatoriamente, e há apenas algumas semanas usa "sim" e "não" corretamente. Deve ter visto quando Max me beija; até recentemente, ainda não conseguia; de repente, quando estamos juntos, beija [ilegível] e diz "Ernstmann também pode beijar". Desde então, beija-me frequentemente; escolhe lugares de sua preferência (no pescoço). Uma vez, sem avisar, quis "morder o nariz da Mamãe", e se diverte muito com isso. Acha seu corpo extremamente interessante; fica encantado quando o meço; ele próprio também pede: "Coloca medida na barriga". Uma manhã me diz: "Você pegou sua barriga?" e aponta para seu membro. Ele frequentemente conta histórias completas que não são nada verdadeiras: que conheceu alguém; onde (ele) esteve etc. Já faz um tempo, sua paixão é telefonar; o que ele mais gosta é de pegar o telefone sozinho, dizer "Família Haiberdad" ou "Aqui é Ernstmann" e então ter uma conversa séria. Fica muito entusiasmado com isso. É muito vaidoso, adora todos os seus conjuntos e casacos, e diz: "Mamãe costurou esse para você". Além disso, quando Marie ou eu usamos algo diferente, ele nota imediatamente e o admira.

■ **58**

Eu lhe disse que, quando a guerra acabar, Papa voltará para nós. Alguns dias depois, Max chega em casa à tarde e junta-se a mim quando levo Ernst para a cama. De repente, ele pergunta: "Mamãe, a guerra acabou mesmo?". Agora pergunta bastante; quer saber tudo, perguntas lógicas. É um grande malandro; quando vê que estou zangada com ele por alguma coisa, vem até mim, abraça-me e diz: "Você ama muitoooo a Mamãe". Apesar de já o ter proibido várias vezes, ele vai a uma gaveta para pegar algumas chaves; quando Max e eu gritamos com ele, estende a mãozinha e diz: "A Mamãe tem de dar um tapa, tapa, tapa". Adora comer e come bastante, especialmente chocolate, que chama de "jei", e frutas; adora principalmente doces e bolos.

Ainda confunde termos relacionados com o tempo: diz esta manhã, ontem, esta noite, a maior parte das vezes errado. Quando vê um carro na rua,

■ 59

exclama: "Ernstmann também tem um carro em casa". O mesmo para navios, cisnes etc. Uma vez, esbarrou em um poste de iluminação pública e disse: "Já, já você vai cair"; ficou muito chateado quando viu que o poste continuava de pé. Ele chama a Sra. Nachtigall de Anna Nua [*Anna Nackedei*]; chama pelo nome e cumprimenta todas as crianças vizinhas, inquilinos etc. Quando saio depressa da sala, joga-se em cima de mim e grita: "Todos fogem de mim". Quando quer alguma coisa, bajula muito bem. Max e eu em pé diante da cama dele, ele tinha se molhado. Tirei as roupas de cama e o repreendi. Ele aponta para o lençol seco e diz a Max: "Está tudo seco de novo". Gosta muito quando Max fuma; quer sempre apanhar a fumaça; chama os cigarros de "uma fumaça" e chama a chaminé de "um fumador". Ele diz: "A Mamãe sempre diz 'queído' [*Liebili*] para Papa". Presta muita atenção no que fazemos e falamos juntos. Hoje viu quando Max me beijou e disse com muita raiva "Mamãe

■ 60

não quer". "O Papa devia me beijar." Algumas semanas atrás, ele me diz ao meio-dia: "Mamãe, dar um deijinho [beijinho]". Eu o beijo várias vezes, e ele diz: "Oh, que bom, oh, que bom que é isso". Quando me sento, ele me traz uma almofada e um banco para os pés. De manhã, traz meus sapatos da cozinha para o quarto; fica muito feliz quando pode ajudar; sempre quer ajudar a pôr a mesa e, ao limpar a mesa, puxa a toalha, leva o cesto de pão para Hadie etc. Quer "fazer algo no 'baneio' [*tajette*] como gente grande". Quando esbarra em alguma coisa ou cai, precisamos lhe fazer heile Segen [uma frase calmante e um gesto de mão tradicionais, para crianças que se machucam, literalmente "versos para curar", como "beijar o dodói"]; também faz isso para nós quando dizemos que estamos com dor. Não acredita em nada, quer sempre "dar uma olhada" e só fica satisfeito quando se deixa convencer. Quer imitar tudo; carrega uma vassoura para "limpar tudo".

■ 61

Uma manhã, quando me vê tirar os grampos de meus cabelos e minhas tranças caem, exclama: "Oh, mamãe, o penteado caiu". Quando lhe perguntamos onde está a comida, ele aponta: "Aqui, na barriga gorda" [*da im dicken Bauch*]. Pergunta: "O Papa também tem uma escova de dentes no hospital do exército?". Na rua, vê "sujeira" de cachorro, aponta e diz "Auau não pode"; uma vez também disse "São aspargos", e, quando viu Schallenberg se zangar com seu cachorro [Lanzer? Lauzer?], disse: "Lauzer não avisou". Pensa que essa é a única razão para que alguém fique zangado. Uma vez, no Alster [um grande lago em Hamburgo], diz: "Alster choveu, por isso navios molha-dos". Uma vez, na banheira, diz: "O que ele ouve ore-lha"; digo: "O que é?"; "Kling, kling, kling". Quando o braço dele estala depois de um movimento, diz: "Piff, paff, puf" no bracinho. Debaixo de um toldo ou de um parapeito, diz "debaixo do telhado". Ele dança no quarto até aparentemente ficar tonto, e depois exclama comple-tamente surpreso: "A porta está fugindo".

Enquanto me lavo, conversamos sempre um com o outro;

■ 62

pede-me para ir até ele; digo que não posso, porque estou me lavando; depois ele diz: "Mamãe tem que vir nua". Sabe exatamente que Marie está se referindo a mim quando diz "Madame" [*gnaedige Frau*]; por isso, quando se despede, também me diz radiante: "Adieu, Madame" [*Adieu gnaedige Frau*]. Uma vez, quando Max saiu do quarto, ele me disse: "Queído [*Liebi*] foge". Quando voltei da minha viagem de 2 dias em abril e a avó lhe disse no dia seguinte "Veja, tua Mamãe voltou", olhou radiante para mim e disse: "Sua eposa" [*Edefau*]. Ele sempre muda essa musiquinha para "Não é Ernstmann, olha". Quando ele bate uma porta, diz "Está ventando tanto". É extremamente carinhoso comigo. Diz "Mamãe é tão boa". 2 de ju... [no alemão não está especificado se é "junho ou julho"]. Ao sair com Marie, dou-lhe uma chave na mão e digo: "É a chave para o galpão", e ele responde: "Não é essa", e eu estava mesmo enganada. Ele até conhece a chave certa.

■ 63

Ele é bastante teimoso. Em outras palavras, ele sabe exatamente o que quer e quer realizar sua vontade. Um dia, não quer dar a mão a Marie ao lhe cumprimentar de manhã; eu o obrigo. Ele então o faz, mas depois limpa a mão. Ele adora seus pés; acaricia-os e os beija; também quer tocar nos meus e nos de Max sempre que pode; também nos das crianças descalças que vê nas ruas.

6 de julho. Ele tenta descobrir se as mãos e os pés podem sair do corpo; puxa cada um dos dedos, também o tenta com minha cabeça. Ele me educa. Digo-lhe "Me conta onde você estava". Ele está comendo e diz: "Você ainda está com a boca cheia". Também quando estamos sentados à mesa, ele sempre me adverte: "Mastigue bem, coma primeiro as cenouras, beba todo seu leite direitinho"; e quando me atrevo a pegar algo de seu prato, fica muito indignado e diz: "Você pega o meu, pegue o seu primeiro".

Ele realmente está com muitos ciúmes de Max; no dia 22 de julho, quando vê Max me beijando e me abraçando, puxa-me e diz muito zangado: "Mamãe me amar tanto".

■ **64**

Quando saio do quarto, ele também me diz: "Durma bem, Mamãe mais linda"; também me diz frequentemente "Mamãe linda". No dia 23 de julho, pesa 25 libras e 340 g [aproximadamente 13 kg]. Começa a distinguir o conteúdo dos retratos; chama os retratos de "espelhos". De nossa pintura de Uhde diz "quiança com regador" [Maedi (provavelmente de Mädchen) *mit Giesskanne*]; de uma ilustração religiosa em que aparece o menino Jesus com uma faixa na cintura, diz: "Bebê usa curativo"; da pintura de Klinger, "O urso tá levando um tombo". Tenta imitar minha pose, cruzar as pernas como faço etc. Certa vez, como eu o chamasse de querido com muita frequência, disse-me: "Você gosta quando Mamãe diz querido". Ele nunca beija Max. Uma vez, pedi que o fizesse, e então só lhe deu um beijo no ar e me beijou três vezes logo depois. Quando ainda estou na cama de manhã, imediatamente me chama para me afastar de Max. Quando tudo isso não funciona, quer me mostrar sua "barriga com dotão" (umbigo) [*Tnopf* – em vez de *Knopp*, "botão"], para me fazer ir até ele. Quando tinha se molhado durante à noite

■ **65**

e eu me zanguei com ele, ele disse: "Ernst molhou – na banheira!". Quando não quer defecar ou beber, sempre promete "Amanhã de novo".

Viajamos para o lago Uklei. Antes de partirmos, fica bastante entusiasmado; quando ouve que o carro chegou, pergunta: "O carro vem?". Quando está sentado dentro do carro, diz surpreso: "As árvores estão fugindo". Uma vez lá, fica muito surpreso com tudo o que vê e diz do [ilegível]: "Isso é o bico dos navios"; dos cavalos, diz: "Isso são toelhos" [*Taninchen* – em vez de *Kaninchen*, "coelho"], ele mistura tudo; são muitas impressões novas para ele. Não se sentia bem no início. Vomitou, estava mal do estômago. Ama muito seu cabritinho. Ele não trata todas as pessoas estranhas da mesma maneira; cumprimenta algumas delas; e não há jeito de forçá-lo a cumprimentar outras. Está muito decepcionado com o trem. Só o reconhece quando o vê em movimento, mas não quando está lá dentro sentado. Lá ficou especialmente com ciúmes de Max, porque passamos muito tempo juntos; quando nos via, não queria ficar com Marie. Uma vez, ele dá um tapa em Max

■ **66**

por ter me beijado; logo em seguida diz: "Ei, Papai". Quando, defeca faz um grande esforço, e diz: "Piff, paff, puff, sai". Quando estou zangada com ele, abraça-me e me beija até eu voltar a rir. Pela primeira vez ele não dorme sozinho no quarto. Quando acorda no meio da noite, quer sempre: "Hadie vai para a tozinha" [*Tueche* – em vez de *Küche*, "cozinha"]. Uma vez, em frente da casa, ele deveria estar brincando com Marie, mas estava querendo vir para perto de mim e disse que tinha de contar uma história à Mamãe. Ela o deixa vir até mim. Claro que não queria me contar nada, e, quando tento mandá-lo de volta, diz: "Hadie dorme". Quando voltamos para [ilegível] a primeira coisa que faz é correr para sua gaveta de brinquedos, colocá-los para fora e gritar, muito alegre: "Estamos em casa, estamos em casa". Tem uma alegria indescritível por estar de novo em casa. Não diz nada sobre Uklei; parece ter esquecido tudo

67

relacionado à viagem. Ele conhece os navios no Alster e gosta muito deles; empurra um pãozinho em volta do prato e diz: "Navio no Alster". Quando divido a comida com Anna, ele também lhe dá batatas de seu prato. No dia 25 de agosto, pela primeira vez diz conscientemente: "Eu". Ele diz: "alfodada" [*Tissen*], e corrijo: "almofada" [*Kissen*]. Pergunto: "Como se chama?". Diz: "travesseiro". 27 de agosto. Ele pega a fotografia de Max, coloca-a no sofá, cobre-a com um xale e diz: "Dorme uma maravilha". Estou no quarto, ele corre pelo corredor, procura por mim e grita: "Mamãe, onde você desapareceu de mim?". Acaricia meu cabelo e diz: "Que lindos cachos você tem!". Admira-me muito quando uso um vestido ou um chapéu diferente. Desde o final de julho tem estado normalmente seco à noite. Costuma chamar várias vezes; diz sempre "Mamãe, fazer alguma coisa", até que eu o atenda. Uma vez, tinha se molhado e me chamou enquanto eu ainda estava dormindo, ele grita: "Você vai ficar brava". Para um cão que se aproxima de nós: "Aí vem um cão com o pé descalço".

68

Ele dá uma volta no porto comigo e, quando um navio espirra água em nós, pergunta: "Ele também pode fazer isso?". Ele não tem permissão para espirrar água na banheira. Nós o levamos para passear no barco a remo, e ele fica muito contente com isso; quer sempre passar por baixo dos galhos pendentes. Quando vê vacas pela primeira vez num campo a caminho de Sielbeh, grita muito entusiasmado: "Aqui é de novo o Lago Ukei?". No final de agosto, ou seja, quatro semanas depois, recorda-se de toda a viagem, conta tudo de novo, lembra-se de todos os pormenores, que [ilegível] lá, que fez um curativo, lembra-se de todos os animais que viu etc. Fala muito sobre isso, marcou-o bastante; ele dá um salto gigantesco em seu desenvolvimento.

■ **69**

Prometo-lhe sua própria mala de viagem para ir a Viena. Diz radiante: "uma tua". 6 de setembro. Quando vê [ilegível] nas escadas de uma loja, diz calmamente: "Ela vai cair já, já". No café da manhã, espalha migalhas no tapete, "para os passarinhos". Quando está comendo o bolo de mel, pergunta sobre a [ilegível]. 17 de setembro: "O [ilegível] mora lá no bolo?". No Alster, diz: 23 de setembro "O barco a vapor espirra água como Ernstmann na banheira". Agora pede para vir para nossa cama quando Max está lá; quando finjo estar dormindo, ele me dá um beijo para me acordar; no entanto, observa com ciúmes para ver se Max não se aproxima de mim; quando ele me estende a mão, afasta-a e diz: "Tira a mão, vai poder sentar melhor". Na escada, sempre me adverte: "Presta atenção para ele não cair".

No início de outubro, quando vê nossa fotografia do porto, pergunta: "Os barcos a vapor estão andando?". Respondo: "Sim, eles estão". Ele: "Não, não estão". Eu: "Não na fotografia,

■ **70**

mas na vida real". Ele: "No Elba". Ele já esteve na praia do Elba e adorou brincar na areia.

Ele está sendo terrível com Max. Não consegue esconder sua satisfação quando Max está longe. Apenas diz: "Papai está na guerra". Aproveita sua presença, brinca com ele, mas fica feliz quando estamos sozinhos. Fica furioso quando é Max quem abre as cortinas pela manhã e não eu; nem sequer queria pegar o bolo [*Bretzelkeki*], do qual normalmente gosta muito, das mãos de Max. Então Max o coloca em cima da mesa, diante dos seus olhos. Mais tarde, Ernst me diz, quando entro: "Papai papou todo o meu *Bretzelkeki*".

■ 71

Início de janeiro: 27 libras 300 g [+-14 kg]
1. ----------------- Meio dia [ilegível]
Maravilhoso

Fala muito sobre o passeio que o condutor fez com ele.

O nome da mamãe aqui é Sophie.

---

as avós na tia e a vovó

Brinca com ele!
Estou tão sozinho

Sobre a roupa de Anna,
Tão bonita quanto a tia Mathilde

Primeiro, na caminha
Devo [ilegível] de novo também em Berlim

■ 72

Bebê do lago Uklei
Mandou para ele os sapatos por cima dos chinelos vermelhos

Lembranças de [ilegível]
Sempre de manhã na cama

---

faz a luz, depois fico muito tranquilo

Infelizmente, não – utilizado propositalmente

---

tomara, provavelmente

Fome de isso

Ainda estou com muita fome

73

"Sim, minha querida Mamãezinha", como resposta, 10 de outubro de 1916

Vovó cozinhou o bolo extra pra você. "Na caixa de areia."

Hadie, você fechou as calças? Você também tem um bumbunzinho e uma barriga gorda.

74

Quando quer dizer "soprar", diz sempre "trompete" (ouça quando as trombetas soam). 16 de outubro

---

Ele nunca diz: procurar algo, mas encontrar algo

Mamãe, você é um passarinho, diga "piu". Mas não pode voar, você é [ilegível] demais.

75

Mamãezinha, você é tão doce e linda; você é um docinho

Você é tão linda quanto a Molly

Ele se lembra de tudo o que se relaciona com o Uklei

sobre a foto de Max, o papai não está

76

na guerra

---

brinca com soldado, está de férias, tem que [ilegível] de novo pra guerra

---

Quer apagar os candeeiros

Papai quebrou quando [ilegível]
Barriga diz: ter bolacha. 6 de novembro

77

Papai deve ficar na guerra etc.

Hadie, aí está o alistamento. Início de novembro

Durante sua doença: obrigado, já tenho batante [*denug*], não medir nada. Não tô mais dodói [*desund*] (quando ele precisa de compressas)

78

Papai tem que me "ombrar" na frente. 12 de novembro

Estava muito gotoso. [*geschmetzt* – em vez de *geschmeck*, "gostoso"]

79

Final de abril, 18

Digo a Ernst que estamos esperando um bebezinho para dezembro; ele fica muito entusiasmado; acaricia minha barriga dizendo "Ei, ei, bebê"; está muito impaciente, perguntando quando é que ele vai chegar. "Também tenho um bebezinho na barriga; vamos esperar pra ver onde ele vai sair, de você ou de mim." "Quando eu ficar grande e for um papai, então você também vai ter um bebezinho na barriga." Eu: "Ernst, então estarei muito grande e muito velha para isso; então você terá uma mulher". "Você é minha mulher." "Não, sou a mulher do Papai; quando você for grande, vai ter uma mulher e ela também vai ter um bebê." "Mas amo tanto você" (dito de forma muito triste). "Então, você vai sempre me buscar na escola e trazer o bebê no carrinho." "Mas à tarde tenho que fazer meus deveres de casa; então você tem que dizer ao bebê pra ficar bem quieto, que não pode rir e não pode brincar e não pode me incomodar." "Se for uma menininha, vai ter uma boneca e eu vou poder brincar com ela?"

■ **80**

Divide comigo seu ovo ou suas passas "para o seu bebezinho". De manhã, pergunta: "Como seu bebê dormiu?". Sugere sempre que o bebê deva se chamar Jutta. [Jutta era o nome de uma vizinha próxima com quem Ernst brincava. Ele sabe que a mãe está grávida e decidiu que o bebê vai se chamar Jutta. A seção seguinte descreve Ernst e sua companheira de brincadeiras Jutta.]

Ernst e Jutta. Início de maio de 1918

Ele está apaixonado pela primeira vez: "sonho com ela todas as noites; que ela chora e eu cuido dela". "Ela está usando um avental vermelho tão bonito." "Amo muito quando as meninas têm tanto cabelo, como a Jutta." "Quando ela chora, é terrível; não gosto nada de ver." Fala dela como se estivessem juntos: "Devo fazer uma cambalhota pra Jutta?". Mostra a ela todos seus brinquedos e explica-os para ela. Dá a ela metade das bolinhas de gude em uma linda caixinha de presente e a acompanha de volta para casa. Dez minutos depois, retorna bastante entusiasmado com as bolinhas de gude na mão: "Jutta não ficou muito feliz, ela disse que é muito pouco pra ela e depois peguei as bolinhas de volta".

■ 81

Fica se recriminando de noite por não ter deixado as bolinhas de gude com ela.

No dia seguinte, observa Jutta da varanda e a vê chorar. Grita, então, muito nervoso: "Quem bateu na Jutta? Quem fez alguma coisa pra ela?". Um tanto embaraçado, diz-nos: "Sempre mexem com minhas bochechas, a Jutta e o Uschi". ["Uschi" pode ser uma referência a um pequeno vizinho com quem ele costumava brincar chamado Muschi Timm.]

Meados de maio

Jutta está conosco no quarto brincando com Ernst. Vão para as escadas e ele lhe diz: "Jutta, por que não cai da escada? Eu vou buscar você e levo de volta para cima".

"Gostaria de abrir sua barriga, onde vive o bebezinho, tirar e pegar pra mim."

"Não é verdade, bebês pequenos só bebem leite?"

"Sim." "Do nosso bebê eu vou beber todo o leite, nosso bebê vai morrer de fome."

[Essa referência à segunda gravidez de Sophie, em maio de 1918, refere-se ao irmão de Ernst, Heinerle, nascido a 8 de dezembro de 1918. Depois do nascimento de Heinerle, Sophie só escreveu em seu diário em novembro de 1919.]

2 de novembro de 1919: 33 libras 200 g [+- 16 kg 700 g]

28 de dezembro de 1919: 35 libras 165 g [+- 17 kg 660 g] ●

ENTREATO:
FORT-DA

Retomo a brincadeira do *fort-da*, brincadeira do carretel, ou brincadeira do barbante, como a chamará mais tarde o já agora Ernest, abordada pelo avô observador de quatro maneiras distintas. A primeira é a seguinte:

> Acontece que essa criança comportada passou a apresentar o hábito, às vezes incômodo, de atirar todos os objetos pequenos que conseguisse pegar para bem longe de si, para um canto do cômodo, para debaixo de uma cama etc., de modo que reunir seus brinquedos com frequência não era fácil. Ao fazê-lo, ela produzia, com uma expressão de interesse e satisfação, um [*OOOOO*] [o-o-o-o] "*o-o-o-o*" sonoro e prolongado, que, segundo o julgamento unânime da mãe e do observador, não era uma interjeição, mas significava "*fort*" [desapareceu, sumiu]. Percebi finalmente que isso era uma brincadeira e que a criança só utilizava seus brinquedos para brincar de "*fortsein*" [desaparecer] com eles.[1]

Vemos então que o cientista observador conta com a ajuda de observadora, ninguém menos do que a mãe da

---

[1] FREUD, S. *Além do princípio de prazer [Jenseits des Lustprinzips]*. Tradução de Maria Rita Salzano Morais. Belo Horizonte: Autêntica, 2020. p. 77. (Obras incompletas de Sigmund Freud.)

Ernst, verão de 1917.

criança observada, Sophie, filha de Freud, e que o *fort-da* lhes sai da cachola, não sendo próprio à criança. Temos assim situações inéditas, em que avô, mãe, pai, filha observam criança, neto, filho; ou em que pai observa filha observando seu neto, filho dela. Logo, o avô observador acrescenta:

> Então um dia fiz a observação que confirmou minha compreensão. A criança tinha um carretel de madeira, no qual estava enrolado um fio. Nunca lhe ocorria, por exemplo, de arrastá-lo pelo chão atrás de si para então brincar de carrinho com ele, mas, em vez disso, atirava com grande destreza o carretel amarrado na linha por sobre a beirada de seu berço cortinado, de modo a que desaparecesse lá dentro, pronunciava seu [*OOOOO*] [o-o-o-o] "*o-o-o-o* significativo e depois puxava o carretel pelo cordão de novo para fora da cama, mas agora saudava seu aparecimento com um alegre "*da*" [eis aqui, acho, chegô]. Esta era, então, a brincadeira completa, sumir e retornar, da qual, na maior parte

do tempo, só nos era dado ver o primeiro ato, e este era por si só incansavelmente repetido como brincadeira, embora o maior prazer estivesse sem dúvida atrelado ao segundo ato.[2]

Aqui, o autor acrescenta nota de rodapé, terceira observação:

> Esta interpretação foi plenamente confirmada por outra nova observação. Um dia em que a mãe esteve ausente por muitas horas, foi saudada em seu retorno com a seguinte expressão: *Bebi o-o-o-o*! [Nenê o-o-o-o!], incompreensível de início. Mas logo tornou-se evidente que a criança, durante esse longo período em que esteve sozinha, havia encontrado um meio de fazer-se desaparecer. Ela havia descoberto sua imagem em um espelho que chegava quase até o chão e então agachava-se de modo a que a imagem no espelho desaparecesse [*fort war*].[3]

Nesse ponto, James Strachey, editor da Standard Edition, lembra que "uma referência adicional a essa história pode ser encontrada em *A interpretação dos sonhos*". A importância do sucedido entre avô, filha, neto foi tamanha que algum tempo antes de completar seu artigo, ainda em 1919, autor-avô rapidamente reviu e quis completar seu já famoso *A interpretação dos sonhos*, publicado uns 20 anos antes. Nesta nota de rodapé, acrescentada à sua quinta edição, o avô revisor ajunta:

> Se não me engano, o primeiro sonho que obtive de meu neto, com 1 ano e 8 meses de idade, mostra

---

[2] FREUD. *Além do princípio de prazer*, p. 77-79.

[3] FREUD. *Além do princípio de prazer*, p. 79, nota 1.

que o trabalho do sonho conseguiu transformar seu material na realização de um desejo, enquanto o afeto correspondente persistiu inalterado também no estado de sono. Na noite anterior ao dia em que seu pai deveria partir para o campo de batalha, o menino gritou, soluçando fortemente: "Papa, Papa – Bebi". Isso só pode significar: Papa e Bebi permanecem juntos, enquanto o choro reconhece a despedida iminente. Na época, ele já era capaz de expressar o conceito de separação. "*Fort*" [Partiu] (substituído por um "*oooh*" prolongado e acentuado de modo peculiar) havia sido uma de suas primeiras palavras e meses antes desse primeiro sonho ele havia usado esse "*fort*" com todos os seus brinquedos, o que remetia à autossuperação bem cedo conquistada de deixar a mãe sair [cf. *Além do princípio de prazer*, II].[4]

Entretanto, as observações anteriores ainda não terminaram. Nosso avô curioso prossegue com quarta observação:

Um ano mais tarde, a mesma criança que observei com 1 ano e meio em sua primeira brincadeira costumava atirar ao chão um brinquedo com o qual tinha se irritado, dizendo: "Vá pra gue(rr)a!". Na época, haviam lhe contado que seu pai ausente se encontrava na guerra e ela não sentia a sua falta de forma alguma, mas mostrava, pelos indícios mais evidentes, que não queria ser perturbada em sua posse exclusiva da mãe.[5]

---

[4] FREUD. *A interpretação dos sonhos*, p. 507.

[5] FREUD. *Além do princípio de prazer*, p. 81.

A essa observação o avô cientista acrescenta duas notas de rodapé.

Quando a criança tinha 5 anos e 9 meses a mãe morreu. Agora que ela realmente "tinha desaparecido" [*fort (o-o-o) war*], o garotinho não mostrava nenhum luto por ela. Por outro lado, havia nascido nesse intervalo uma segunda criança, o que lhe havia despertado o mais forte ciúme.[6]

A segunda nota lembra que esta observação havia sido precedida por outra, "Uma lembrança de infância em *Poesia e verdade*", em que várias crianças brincam de jogar coisas longe delas, perfazendo várias outras observações clínicas, inúmeras (*Arte, literatura e os artistas*).

Vemos assim que, se desdobrarmos as quatro observações relativas à brincadeira do *fort-da*, elas se multiplicam, tornam-se cinco, depois seis, implicando já situações anteriores tanto quanto outras ainda por vir. Da mesma forma que o observador associa experiências anteriores a essa que nos apresenta agora, podemos nós, observadores distantes, associar a elas outras tantas. A paixão de escrever não tem limites: faz reviver famílias separadas, cria família epistolares, conceitos, formas, sonhos. Vimos que o tempo passa entre as observações. "Um ano mais tarde" o quadro da cena já não é o mesmo apartamento em Hamburgo. Onde será?

Observadores distantes fazem outros comentários. Derrida, que dedicou livros, talvez a obra, a comentar Freud, sobre essa cena, nota que "arrastá-lo pelo chão atrás de si para então brincar de carrinho com ele" é

---

[6] FREUD. *Além do princípio de prazer*, p. 81.

observação projetiva do avô; podemos dizer a partir de Derrida: por que essa e não outra brincadeira qualquer?[7] Ou então: sabe criança tão pequena o que é a guerra para onde joga seus brinquedos? Ou seria "a guerra" mais um castigo infligido pela mãe, grande deusa que aparece e desaparece?[8]

---

[7] DERRIDA. O "mesmo tu" da autobiografia, p. 327-328.

[8] EASTON. Guys and Dolls: Exploratory Repetition and Maternal Subjectivity in the Fort/Da Game, p. 478-479.

ÁLBUM DE FAMÍLIA II

◢ SOPHIE, ERNST

Seguem-se as cartas. Em setembro de 1915, durante visita à filha, ao genro, ao neto, o avô presenciou a cena apontada pela filha, comentada por ela, que tem papel central, relegada agora à sombra do pai, que tudo apresenta, como se tudo tivesse ocorrido entre o neto e ele, apesar de rápida evocação à filha. Em dezembro seguinte, Max é incorporado ao serviço militar, à guerra. O pai se preocupa com a situação da filha, esposa. Terá ela como subsistir sem Max? Ela pensa em retomar as atividades fotográficas do marido, o estúdio do marido, os equipamentos. O pai é contra. Tanto insiste, tanto faz, que a filha e o neto acabam vindo morar com ele. A certa altura, em certa carta, Freud comenta com o genro, com a filha, sobre a dissolução da família. Em 18 de setembro, como não pôde ir a Hamburgo, dá de presente para Ernst "os honorários em marcos da 5ª edição da *Vida cotidiana*" (383-SophMax). Tanto insiste que consegue reconstituir parcialmente sua família, trazendo de volta para casa Sophie, já agora com o filho, seu neto, Ernst. Uma Sophie, mais que nunca, brinquedo, carretel ela própria do pai. Hamburgo, *fort*, Viena, *da*. Finalmente, filha e neto chegam, em 17 de novembro de 1916, ficarão com

Porta-retratos com fotos da família Freud, na casa de Freud em Viena.

pais, avós, até 14 de maio de 1917. Em 23 de novembro, o sogro dá notícias de toda a família ao genro, em particular do neto (385-Max):

> Ernst! Como você havia previsto, tornou-se dono da situação. Conhece todo mundo, dá importância a todo mundo, é amável com todo mundo, e não se atrapalha com ninguém. Sabe as diferenças entre a "Bergasse" e sua casa, de maneira geral ele se orienta com brilho. Sua intrepidez honra sua educação e sua agilidade à transmissão hereditária. Comigo, adota em conjunto uma atitude de rejeição, amável neutralidade, como parece ter sido o caso contigo ultimamente. Ele é muito normal e divertido.

É durante essa longa estadia em sua casa que o avô observador teoriza, realiza outra observação, em que o neto exclama, jogando ao longe um brinquedo – "Vá pra gue(rr)a!". Além um pouco, "um ano mais tarde", como assinalado.

Entre agosto, setembro de 1916, estávamos entre promessa de que os honorários da reedição das *Conferências* serviriam para que o neto fosse rico estudante universitário e a afirmação de que os honorários em marcos da 5ª edição da *Vida cotidiana* eram presente para Ernst! (381, 383-Soph). Mas, sua viagem tendo sido impossível, a filha e o genro lhe haviam prometido que ela viria com o filho no final do ano, o que fizeram, dando uma alegria "inumana" ao avô. O pai brincando com o carretel que era a filha, Sophie saía do *fort* de Hamburgo, voltava ao *da* de Viena.

Ao amigo de Budapeste, Ferenczi, em 12 de janeiro de 1917, o vovô atento observa: "o pequeno é muito sociável e deixa às vezes que se o compreenda" (641-F). No dia seguinte, escreve ao amigo de Berlim, Abraham: "O pequeno me trata como seu papai de guerra, deixa que eu o ajude e o sirva, fora isso, ignora-me e cultiva com insistência apoiada a companhia de *mammi*, de sua tia e de outras jovens[1] (307-F)".

Será que o amigo que o lê compreende: a guerra permite que o avô se torne pai do filho de sua filha, transformada em mamãe de guerra, de neto, filho, órfão de seu verdadeiro pai, "assassinado" pelo sogro? Se Abraham o compreende, o que pensa? Que o fundador da psicanálise por vezes tem estranhas ideias?

Às vésperas do aniversário de sua segunda viagem, em 3 de setembro de 1917, o avô, papai de guerra, escreve à filha, ao genro, reunidos apesar da guerra, agora que a casa dos avós voltou a ficar vazia, que filha e neto foram embora, de retorno a seu *fort*, deixando pai, avô, em seu *da*. O pai,

---

[1] Cf. também TRÉHEL, G. Sigmund Freud, un papa de guerre. *L'Information Psychiatrique*, v. 84, p. 329-342, 2008.

o sogro, escreve, diz que Ernst lhe faz falta "em geral com muita frequência. Teria agora tanto tempo para distraí-lo e estudá-lo. É pena que não possamos estar juntos nestes belos anos que terão passado tão rápido" (386-SophMax). O avô cientista não vê contradição no que escreve à filha, ao genro, sobre o neto. Distraí-lo, estudá-lo, melhor estudá-lo enquanto o distrai? Sem nenhuma antinomia? Como distrair estudando? Como estudar distraindo? E o neto incauto não se sentiria traído? E o amor? Amá-lo enquanto o estuda?

Nessa mesma carta há outras linhas, em que o pai emocionado agradece à filha cúmplice, coautora científica mais que mãe, o envio do relato de um sonho do filho, que muito interessou ao pai, avô estudioso do neto. Que sonho? Não sabemos. Uma nota de rodapé reenvia a outro calhamaço de cartas, à carta datada de 6 de agosto de 1921, dessa feita à filha Anna (150-SF).

◢ SOPHIE MORRE

A morte de Sophie, raio em céu sereno, quebrando a ordem das coisas, escreve-se, inscreve-se, ganha vida, tem o luto em série de cartas. Ainda sob o choque, Freud a comunica a Pfister dois dias depois (50):

> Na tarde de domingo, ficamos sabendo que nossa querida Sophie nos fora levada em Hamburgo por uma pneumonia gripal, raptada assim em plena saúde, arrancada de suas atividades de boa mãe e terna esposa, em quatro ou cinco dias, como se nunca tivesse existido. [...] A brutalidade sem véu da época se abate sobre nós. Sophie deixa dois filhos, de seis anos e treze meses e um marido inconsolável que vai pagar caro por uma felicidade que durou

sete anos. Esta felicidade só existia entre eles, não
fora deles: guerra, ocupação, ferida, perda de sua
fortuna, mas continuaram corajosos e contentes.[2]

Já mais estoico, em 4 de fevereiro para Ferenczi (833-F):

> Não se preocupe comigo. Fora um pouco de can-
> saço, continuo o mesmo. A aparição da morte, por
> dolorosa que seja, para mim, não vem transformar
> minha atitude em relação à vida. Durante anos me
> preparei à perda de meus filhos. E eis que ocorre
> a de minha filha. Como sou profundamente sem
> crença, não posso acusar ninguém, sei que não há
> lugar onde se possa depositar uma queixa. A "hora
> do dever eternamente a mesma" e "o doce hábito
> de ser" farão o resto, para que tudo possa continuar
> como antes. Bem no fundo, suspeito o sentimento
> de uma ferida narcísica profunda e insuperável.
> Minha mulher e Annerl foram seriamente abaladas,
> em sentido mais humano.

Em 8 de fevereiro, para Jones, lacônico: "Você sabe que
infelicidade se abateu sobre mim, é verdadeiramente depri-
mente, uma perda inesquecível" (266).[3] Em 14 de março
de 1920, Freud escreve a Binswanger contando a morte de
Anton von Freund, cujo enterro acompanhou. Acrescenta:

> Nessa mesma noite recebemos um telegrama inquie-
> tante de nosso genro Halberstadt de Hamburgo.

---

[2] FREUD, E. L.; MENG, H. (Orgs.). *Cartas entre Freud & Pfister (1909-
1939: um diálogo entre a psicanálise e a fé cristã*. Tradução de Karin Hellen
K. Wondracek e Ditmar Junge. Viçosa, MG: Ultimato, 1998.

[3] FREUD, S.; JONES, E. *Correspondance complète (1908-1939)*. Tradução de Pierre-Emmanuel Dauzat, Marielène Weber e Jean-Pierre
Lefebvre. Paris: PUF, 1998.

Minha filha Sophie, 26 anos, mãe de dois garotos, pegou uma gripe; ela se apagou em 25 de janeiro, após quatro dias da doença. [...] Desde então estamos todos esmagados por grande opressão que sinto mesmo na minha capacidade de trabalhar. Não pudemos superar a monstruosidade da morte de crianças antes da dos pais (122-F).[4]

E, no dia seguinte, para Ferenczi (837-F): "A opressão, depois da morte de Sophie, não nos deixou...".

Entretempo, em 23 de junho de 1923, morre também o segundo filho de Sophie, Heinele, Heinerle, sobre quem Freud escreve a Binswanger pouco mais de três anos depois, em 15 de outubro de 1926 (154-F): "Ele era o preferido entre minhas crianças e netos e, desde a morte de Heinele, não suporto mais meus netos nem tenho mais gosto de viver. Eis o segredo de minha indiferença – que se chamou de coragem – diante do meu próprio perigo de morte".

Apesar do tom grandiloquente, eu nunca soube como entender tal declaração, não parece tampouco compreendê-la Schur, que nem mesmo considera a morte desse neto de verdade importante para Freud, apesar de mencioná-la.[5] Freud retorna a esse neto em cartas a Jones (521), em 11 de março de 1928, e a Binswanger, em 11 de janeiro de 1929 (167-F). A lembrança que tem, a mais bonita, definitiva, vem em carta a Binswanger em 11 de abril de 1929, que continua no dia seguinte (168-F). Após evocar

---

[4] FREUD, S.; BINSWANGER, L. *Correspondance 1908-1938*. Tradução de Ruth Menahem e Marianne Strauss. Paris: Calmann-Lévy, 1995.

[5] SCHUR. *Freud: vida e agonia*, p. 497-498.

rapidamente o aniversário da morte da filha, conclui: "Sabemos que após uma tal perda, o luto agudo se atenua, mas continua sempre inconsolável, sem encontrar substituto. Tudo que toma esse lugar, mesmo completamente, continua entretanto sempre outro. E, no fundo, é bom que seja assim. É a única maneira de perpetuar esse amor que não queremos deixar de maneira nenhuma".

São suas últimas linhas a respeito da morte de Sophie.

⊿ ANNA, ERNST

Retomemos as perguntas esboçadas em precedente "Retalhos" – "Que sonho? Não sabemos. Uma nota de rodapé reenvia a outro calhamaço de cartas, à carta datada de 6 de agosto de 1921, dessa feita à filha Anna (150-SF)".

Com efeito, esta, psicanalista do sobrinho, relata ao pai supervisor que seu neto paciente situava o começo de suas angústias em sonho feito há tempos. O pai confirma o que diz o neto, lembra-se do que lhe escreveu a filha morta no final de agosto, começo de setembro de 1917, é isso que recorda hoje o neto, quando sonha e acorda muito angustiado: "Papai levava a cabeça numa tigela". Enfim, conclui o pai supervisor e analista, "um sonho de castração. Sirva-se". Lembrou-se com facilidade tanto mais que, na época, já correra a integrar esse relato de sonho no seu célebre *A interpretação dos sonhos*.[6] Como deu o que falar e escrever esse neto.

Mais tarde, Anna confessará a seu amigo íntimo, Max Eitingon, que Ernst foi, é, para ela, "tão próximo

---

[6] FREUD, S. Sonhos de castração em crianças. In: *A interpretação dos sonhos (1900)*, seção E, V, v. 5, 2ª parte.

quanto um filho pode ser".[7] Filho adotivo? Filho simbiótico, herdado da irmã? Com quem ela tanto rivalizava que o pai tinha de intervir, ameaçá-las com um futuro em que estariam condenadas a brigar para todo o sempre. Substituindo rapidamente a irmã após sua morte, cada vez que estiver com os sobrinhos, ela escreverá regularmente ao pai, fará longos relatórios sobre eles ao avô, sobre o que vê, adivinha, interpreta, sobre seus gestos, sua vida, seus sonhos. Desde o falecimento da irmã, Anna muda imediatamente para Hamburgo, como se Max não tivesse família. É Anna que se ocupa das roupas, do bem-estar, da saúde das crianças. Por que não se casa com Max, seu cunhado? Através das cartas, vemos a evolução das crianças após o falecimento da mãe. Seis meses depois, em 22 de outubro, Heinz se agita, provoca acidentes domésticos, cai da cama, Ernst passa por períodos taciturnos, alguns melhores, outros piores (127-AF). O pai, avô, irrita-se, trata Heinzl de "burrinho"; "você é injusto com Ernst", escreve Anna, tomando sua defesa (129-AF). Em julho de 1921, ano e meio depois, as duas irmãs se consultam, fazem planos (146-SF). Mathilde quer adotar Heinerle, Anna ficaria com Ernst. O avô se insurge, não quer que separem os irmãos, ficarem juntos, um perto do outro, é tudo que lhes resta. Quanto ao projeto de Anna de trazê-los para Viena, ao menos Ernst, está fora de questão. Vovó não aguentaria uma criança em casa, mesmo que Anna se dedicasse inteiramente a ela. São

---

[7] Carta de Anna Freud a Max Eitingon, citada em BITTNER, G. Lettres d'Anna Freud à Eva Rosenfeld: le point de vue d'un psychanalyste. In: FREUD, A. *Lettres à Eva Rosenfeld 1919-1937*. Traduction de Corinne Derblum. Paris: Hachette, 2003. p. 101. Essa correspondência, enquanto tal, foi reunida somente na edição francesa.

grandes confusões, o neto preferido é relegado. Nas férias de agosto, mudarão de opinião. Em 4 de agosto de 1921, Anna o quer como se fosse seu próprio filho (147-AF). Narra sua primeiríssima sessão de análise, que realiza com o sobrinho, supervisão do pai.

> As conversas que tive com ele até agora produziram um resultado definitivo, e esclarecedor, creio eu, (sobre) traços até agora inexplicáveis e pouco simpáticos. Você se lembra sem dúvida que a Tia e eu tivemos conversas sobre sua grande ansiedade e sua grande prudência física; que ele tem, por exemplo, sempre medo do frio, das dores de barriga, e que a melhor maneira de o dissuadir de fazer besteiras é dizer que é nociva. Por vezes é cômico, com criança tão pequena, e descobri que ele parece com algum parente de Hamburgo, acho que é Julius Philipp. E agora ele me diz, quando eu quis saber por que ele tinha medo do escuro (que é o caso), num outro contexto, que Sophie lhe disse que se brincasse com seu membro, ficaria muito gravemente doente, aparentemente, é história muito antiga. Considera isso uma boa explicação? O medo, explica ele, começou em Schwerin, com um sonho, que ainda não compreendo muito. Ele distrai-se antes de adormecer, como sempre fiz (e Sophie também), conta-nos uma história por episódios, e insiste em contá-la em voz alta – em vez de a deixar rolar em silêncio em sua mente. Então aprendo todo tipo de coisas sobre ele, mas ainda não cheguei ao verdadeiro significado, ou seja, aos pontos culminantes. Mas posso ver, olhando para Ernst, como deve ser difícil conhecer melhor uma criança com quem não se vive de manhã à noite.

Curiosamente, é nessa mesma carta que a filha anuncia ao pai ter enfim seguido seus conselhos e, pela primeira vez, começado a analisar um de seus próprios sonhos por escrito, ou seja, uma autoanálise por correspondência facilitada pela análise do sobrinho que ela gostaria de ter como seu próprio filho. Ou será que essa autoanálise lhe é imposta, a ela, tia observadora, querendo ter filho da irmã, pelo fantasma da irmã morta? E por que não o tem do cunhado, agora enfim livre? E assim continua, ora observação dos sobrinhos, ora relato de autoanálise, mas o que ela cala deixa de existir?

E é após essa carta que o pai se lembra do que lhe contava a filha falecida dos sonhos do filho, seu neto, o que lhe escreve em 6 de agosto, por onde começamos (150-SF). Nesse calhamaço de Anna, nesse seu álbum, apenas uma carta é ainda importante para imaginarmos o que se passa com Ernst. É sua carta do dia seguinte, 7 de agosto, em resposta ao pai, cuja carta agradece. Dá notícias de Heinerle, recuperando-se de queda, está com o pai, que vai mal. Evoca em seguida Ernst, com pouco mais de 7 anos, aprende a escrever, escreve "tia" [*Tannte*]. A tia o corrige, ele não quer acreditar, acaba aceitando, exclama: "Então é só Anna que tem dois 'n'". A tia, embevecida, derrete-se. Conta ao pai que o sonho feito por ela, que ela começara a analisar, acabou valendo 12 páginas escritas (151-AF).

E assim se confundem sonhos de Ernst ou dela, gracinhas de Ernst ou dela, vontades de tê-lo como filho, de ter para ela o filho da irmã morta, sempre em referência ao pai, avô, que tudo olha, lê, assiste. Mas, quando Anna quer ser mãe, é para agradar o pai? Satisfazer antiga inveja? Não é apenas o lugar da irmã morta que quer ocupar, caso contrário se interessaria pelo viúvo, o que manifestamente não faz. O que é então ser mãe para Anna?

Essa pergunta foi feita.[8] Young-Bruehl observou que, quando Anna vai ocupar o lugar de Sophie junto aos sobrinhos, com frequência reivindica ser mãe, substituindo a irmã com quem tanto rivalizou. Ela pergunta ainda que mãe seria essa. Busca a mãe de Anna a partir do que seu pai escreve sobre o complexo de Édipo das meninas, sobre suas identificações.

> Martha Freud e Minna Bernays – "as duas mães", como dizia Freud, dividem as responsabilidades da casa. Mas nem uma nem outra se ocupa de fato das crianças menores. Quando nasce Anna, os Freud confiam as três últimas crianças, Anna, Ernst, Sophie, a uma babá católica, Josefina Chiraz. Esta é para as três crianças pequenas o que Anna mais tarde definirá como *a primary caretaker*, ou "mãe psicológica". Uma governanta cuidava dos três mais velhos, Mathilde, Martin, Oliver.[9]

A mãe para Anna de início é tripla, Martha, Minna, Josefina. Martha é a mãe que abandona, que não a quis, que não gosta dela. Martha gostava de se vestir bem, com bom gosto, Anna se vestia à tirolesa, camponesa. Martha gostava de joias, Anna só aceitava usar os colares que o pai lhe dava. Mathilde e Sophie se identificavam com Martha. Anna brigava com todas. Minna é distante mãe intelectual, amiga do pai. A mãe mesmo, de verdade, a mãe calorosa, próxima, é Josefina, "a relação mais antiga e mais real da minha infância", como escreveu a Eitingon.[10]

---

[8] YOUNG-BRUEHL, E. Looking for Anna Freud's Mother. *Psychoanalytic Study of the Child*, v. 44, p. 391-408, 1989.

[9] YOUNG-BRUEHL. *Anna Freud*, p. 27-28.

[10] YOUNG-BRUEHL. Looking for Anna Freud's Mother, p. 398.

As consequências dessas confusões entre analista, mãe, tia, pai, avô, neto ninguém tão cedo saberia.

ERNST, ERNEST, VIDA *FORT-DA*

Ernst, agora Ernest, teve uma vida complicada. Nascido em 11 de março de 1914, faleceu em 30 de setembro de 2008, com 94 anos. Quanto mais célebre o artigo do avô, quanto mais Ernst fica célebre, mais Ernest se mete em confusões, não tendo guardado nem nome nem sobrenome de nascimento. Benveniste o encontrou, Ernest estava muito longe de ter tido a celebridade ou a vida familiar do avô, da tia ou de alguns de seus primos, como Lucian Freud ou *Sir* Clemens Rafael Freud. Foi o mais observado, estudado pelo avô, sendo o primeiro dos netos; Lucian, por exemplo, o terceiro neto, nasce oito anos depois dele.

Ernst teve um irmão, Heinz Rudolph, dito Heinele ou Heinerle, nascido em 8 de dezembro de 1918. Ambos ficam órfãos em 25 de janeiro de 1920, quando morre Sophie, sua mãe. Em 31 de julho de 1922, Heinele é levado para morar com sua tia Mathilde e com seu tio Robert. O avô, que era contra separá-los, acaba aceitando. Menos de um ano depois, em 19 de junho de 1923, morre Heinele. Em 20 de novembro, seu pai se casa. Em 5 de abril de 1925, nasce sua meia-irmã, Eva. Ernst tem 11 anos, é muito perturbado, depressivo, agressivo, inibido em seus estudos, tem razões para tanto. Entre seus 6 e seus 11 anos, viveu traumatismos, um após outro. A tia Anna quis adotá-lo, o avô a dissuadiu. O avô, que tanto se interessava por ele, desinteressou-se, só tinha lágrimas para Heinele, para Sophie. A tia analista nunca soube se ele era sobrinho ou paciente. Muitas cartas entre adultos ilustram essas hesitações, mudanças, que criança não compreende. Em 1927, tia Anna retoma sua campanha para trazê-lo para perto de si (244-AF). Ele se integrará com as quatro crianças Burlingham. Durante as férias, fazem experiências. O avô, que era contra sua vinda, que era contra a adoção, acaba aceitando, devido às pressões da filha, que não é mãe adotiva, mas será mãe de adoção,[11] com sua amiga de sempre, para sempre, Dorothy Burlingham, com quem Freud forma uma "família simbiótica", apesar de analisá-la, conforme conta a seu amigo Binswanger em carta de janeiro de 1929 (167-F). Em 1928, Ernst vem de vez. Passa com eles dois anos maravilhosos, participando de família recomposta, com duas coparentes, Anna, Dorothy, quatro crianças Burlingham, (244-AF), sob a tutela do avô patriarca cúmplice reticente.

Perguntado mais tarde de que cenas se lembrava entre as que o avô descreve, Ernest de nada se lembra, exceto uma, a brincadeira de aparecer, desaparecer, com o espelho. Seu avô parece localizá-la em Hamburgo, ele lembra com clareza ter sido ela em Viena, na Bergasse, no quarto, com o espelho de sua tia Anna.[12] Discorda de outros pontos do artigo do avô sobre ele, das hipóteses do avô, ri.

Em interessante entrevista, Ernest evoca várias lembranças além dessa. Do primeiro internato onde o puseram, quando tinha 5 ou 6 anos, lembra-se enganado, pois então sua mãe vivia ainda, talvez pouco mais tarde? Ou será que se lembra bem, os pais teriam resolvido colocá-lo em internato após o nascimento do irmão? Nesse primeiro

---

[11] ROUDINESCO, É. Préface: Les enfants de la psychanalyse. In: FREUD, Sigmund; FREUD, Anna. *Correspondance, 1904-1938*. Paris: Fayard, 2012. p. 17.

[12] FREUD, W. E.; MARTIN, J. A Conversation. *Psychoanalytic Education*, v. 4, p. 32, 1985.

internato, havia duas senhoras idosas que tinham o mau hábito de bater nas crianças por qualquer coisa, ele era infeliz. A tia Anna, em visita à família, compreendeu logo, resolveu mudá-lo de escola, puseram-no com senhora de meia-idade que não batia em crianças, que tinha sobrinha encantadora, ajudava a cuidar deles, cuidava particularmente bem dele, era como se tivesse reencontrado uma mãe, ela acabou se casando com seu pai, sentiu-se traído.

Em tudo e por tudo, em seu percurso escolar, Ernst frequentou nove escolas. "Como um gato com nove vidas, sobrevivi a todas." Vivendo entre parte de sua família austríaca, outra parte alemã, sua escolaridade ficou prejudicada. Guardava excelente lembrança da Escola Hietzing, da tia Anna, da amiga Dorothy, onde conviveu com Robert, "Bob", Mary, "Mabbie", Katrina, "Tinky", Michael, "Mikey", "os quatro", como eram chamados, as crianças Burlingham.[13] "Bob", nascido em 1915, era um ano mais velho que Ernst; "Mabbie", de 1917, três anos mais nova; "Tinky", de 1919, cinco anos, uma criança, como também "Mikey", de 1921. Havia ainda Rosemarie, "Mädi", filha de Eva Rosenfeld; Peter Heller, que será analista, Reinhard Simmel, filho de amigo de Freud, Judy de Forest, filha de paciente de Ferenczi.[14] Integrado com eles, Ernst em breve se sentiria em casa.

> Fui muito feliz lá, acho que mudou minha vida. Passávamos muito tempo juntos, na escola e fora da escola. Vinham de mundo mais amplo, faziam

---

[13] BURLINGHAM, M. J. *The Last Tiffany: Biography of Dorothy Tiffany Burlingham*. New York: Atheneum, 1989.

[14] BITTNER. Lettres d'Anna Freud à Eva Rosenfeld: le point de vue d'un psychanalyste, p. 27-28.

tantas coisas com as quais eu nem teria sonhado. Eram crianças curiosas, também interessantes, nosso tempo juntos foi maravilhoso. Acolheram-me como parte da família. [...]

Meu pai era fotógrafo, um dos melhores fotógrafos de retratos em Hamburgo na época. Você provavelmente conhece alguns dos retratos que fez de Freud, sobretudo aquele, com o charuto. Meu pai era um homem bom, cheio de boas intenções, decente, honesto, trabalhador. Ao que eu saiba, seu próprio pai morreu antes que ele nascesse ou morreu quando ele era muito pequeno, de maneira que não teve modelo para ser pai. De certa forma, nunca nos entendemos bem, e, depois que tornou a casar, eu só queria me afastar de minha madrasta, ficar mais tempo com a família de minha mãe em Viena, sobretudo depois que conheci o que era a vida em meio esclarecido pela psicanálise.[15]

Dorothy Tiffany Burlingham, casada com advogado considerado maníaco-depressivo, tinha quatro filhos, dos quais o mais velho tinha muitos problemas. Aconselhada por Rank ou Ferenczi, nos Estados Unidos, Dorothy pensou que seu filho, "Bob", poderia ter seus problemas resolvidos por análise com Anna Freud. Veio então para Viena. Ela própria, aconselhada por Anna, entrou em análise com Theodor Reik, enquanto Anna começou a analisar os quatro filhos da amiga. Quando Reik decide mudar-se para Berlim, Dorothy resolve entrar em análise com Freud. Dorothy muda-se para a Bergasse, tornando-se vizinha dos Freud. Em breve, linha telefônica direta uniria

---

[15] FREUD; MARTIN. A Conversation, p. 7-38.

a cabeceira de sua cama à cabeceira da cama de Anna. Foi nesse ambiente que viveu Ernst.

Mas teve de mudar de escola, de vida. Sua idade, o fato de que o ensino na Escola Hietzing só ia até certo ponto, impediram-no de continuar a viver aquela vida encantada. Sua tia Anna conseguiu inscrevê-lo numa escola em Berlim, numa ilha no Tegeler See. Havia uns 100 garotos, fazendas com vacas, galos, o Sanatório Psicanalítico de Ernst Simmel era ao lado, bastava que ele espirrasse para que o mandassem para lá, onde ele era muito bem tratado, devido à amizade entre Simmel e seu avô, além disso, ele era mimado pelas enfermeiras, que lhe davam histórias de detetive para ler, o que não teriam feito em sua própria família. Eva, conhecida sua, estava lá. Também essa boa experiência terminou rapidamente, com a chegada de Hitler ao poder. Ernst embarcou num dos últimos trens que saíram de Berlim para Viena, onde Eva, que participara da experiência do Sanatório de Simmel, o acolheu. Eva era uma de suas mães adotivas, havia vivido com ela, continuaria agora. A tia Anna ajudou-o de novo a se inscrever numa escola, tentando levá-lo até o vestibular, já agora Ernst sofria de absenteísmo, vivia doente, guardou sua agenda escolar em que a tia Anna tinha de justificar suas ausências, dor de cabeça, dor de barriga, dores musculares, qualquer coisa. Ernst passou em seus exames finais em 1935, mas não sabia o que fazer da vida. Seu percurso escolar tinha sido nulo. Pensava vagamente que devia ir ver como era a Palestina, durante algumas semanas viveu num *kibutz*, depois em Moscou. Entretempo, seu pai imigrou de Hamburgo para a África do Sul. Ernst não queria ir, mas, aconselhado pela família, como não soubesse o que fazer da vida, pensou em aprender fotografia com o pai.

Então, houve a *Anschluss*, quando a Áustria foi encampada pela Alemanha nazista. Ernest Jones colocou-o na lista da família Freud que deveria ir para a Inglaterra. Como tinha passaporte alemão, pôde sair da Áustria de imediato, muito antes dos outros, mas, esperando o embarque em Dunquerque, ocorreu a retirada dos ingleses, e o governo britânico decidiu internar todos os estrangeiros na Ilha de Man. Quando finalmente Ernst chegou a Londres, muitos meses mais tarde, sua saúde estava péssima. Tia Anna arrumou-lhe emprego, subeditor da revista que publicava as resenhas das atividades da Hampstead War Nurseries. Enquanto isso, Ernst se inscreveu na universidade, estudou psicologia, fez formação analítica, especializou-se em psicanálise de crianças. Em 1945, com 31 anos, casou-se com Irene Chambers, 25, sua colega da Hampstead Clinic. Foram morar na Alemanha (*da*), voltaram para a Inglaterra (*fort*). Ernst publicou muitos artigos, especializou-se em neonatologia, achou que sua escolha profissional tinha algo a ver com salvar crianças, associou com seu desejo de salvar o irmão morto, Heinerle, de salvar o bebê que nem havia nascido quando ambos, bebê e mãe, morreram em 1920, associou com sua brincadeira do carretel, do barbante, como a chamava, traria de volta (*da*) as crianças mortas (*fort*). Em 1956, em idade avançada para a época, teve um filho, Colin Peter Freud. De qualquer forma, Ernest não conseguia manter-se fiel, tinha amantes, razão pela qual muitas vezes brigava com o filho, com quem tinha relações péssimas, como tinha com seu pai, brigavam muito. Quando começou a brigar? Depois da morte da mãe? Colin Peter morre em acidente, em 1987, aos 31 anos. Pouco depois, Ernest volta para a Alemanha, onde termina seus dias, Ernst ou Ernest? Halberstadt ou Freud? Wolfgang tornou-se lobo solitário. Pediu como epitáfio versos do poema de Tennyson, *Ulysses*: "*for my purpose holds/ To sail beyond the sunset, and the baths/of all the Western stars, until I die*".[16] ●

---

[16] "por meu objetivo final ser / Navegar além do por do sol, onde se banham / todas as estrelas ocidentais, até morrer" (BENVENISTE. Section 3: W. Ernest Freud: The Lone wolf, 1983-2008. In: *The Interwoven Lives of Sigmund, Anna and W. Ernest Freud: Three Generations of Psychoanalysis*, p. 481).

EXCURSO:
DEVANEIO – AS CARTAS, O NOME, FREUD

Divaneio ou devaneio? De qualquer jeito, associamos. Freud nunca cessa de se dirigir aos filhos, às filhas, como "suas crianças". Freud achou que a "família simbiótica" era a família que formava com Anna, sua filha e analisanda, também em supervisão com ele, agora vivendo com Dorothy, também sua analisanda, ambas então irmãs de divã. E Anna analisando os quatro filhos de sua amiga íntima, e ainda o sobrinho, filho da falecida irmã. Mais do que com a família de Anna e Dorothy, Freud mantinha relações simbióticas com seus charutos, dos quais não podia se separar, com sua própria família, desde sempre, como com sua mãe, Amalia, de quem continuou a ser seu *Sig de ouro*, sem falar de suas irmãs – a essa família de onde vinha retornaremos mais tarde –, com Martha e sua cunhada Minna, com quem mantinha grande intimidade, com suas crianças, como a elas se refere, *Kinder*.

Mal se separam, escreve extensas cartas insistentes a cada uma das filhas, quer que voltem. Quando o filho Ernst vai passar uns dias na Berggasse, escreve aos outros que a família se reconstituiu. Não sossega enquanto não traz Sophie e Ernst de volta para casa. Mathilde interroga o pai sobre as finanças do futuro cunhado, o pai critica Mathilde por Sophie tê-la seguido muito rápido. Temia que se Anna fosse ficar com Sophie o mesmo tornasse a se realizar. Queria guardar Anna, sua Cordelia, sua Antígona, *Annantígona*, para si. O pai, a mãe, cunhadas, filhas, filhos, noras, genros, netos, netas, vidas entrelaçadas com firmeza, com objetivo: perpetuar o nome "Freud", saído do fundo da Galícia, tendo ascendido à glória em Viena. Permanecer unidos era a condição dessa vitória; a glória dos esquecidos, desprezados, escapados dos guetos, dos *pogroms*.

Ao que assistimos ao longo dessas cartas, o que lemos, o que descobrimos fuxicando nesse baú, mexendo nesses calhamaços, desfazendo, refazendo esses álbuns de família? A criação, a recriação da família Freud, a entronização de Sigmund Freud. Lembremo-nos de que até há pouco não existiam os Freud.[1] Não seria Jacob Freud, mascate atarefado, sobrecarregado, distraído, e talvez sua esposa Amalia, jovem casada com homem mais velho e pobre, muito preocupada consigo mesma, vinda de família com tradições, gosto, cultura, requinte, para encomendar quadro da família, que passou a ambição ao filho de escrever cartas. A partir daí a família Freud que se cria, recria, ao longo dessas cartas deve muito à pluma de Sigmund, à sombra de sua mãe, judeus de exceção, como veremos em breve, imigrados em data recente da longínqua Příbor, Friburgo, para a capital do Império. Mais tarde, sua filha Anna Freud, seus filhos Martin e Ernst as reúnem, organizam, administram o sonho – de quem mesmo? Da mãe, do pai, de quem mais? –, dão consistência, impõem o nome "Freud" com mais força, redobram a celebridade da teoria com a ilusão da vida vivida através das cartas.

---

[1] KRÜLL, M. *Sigmund, fils de Jacob*. Tradução de Marielène Weber. Paris: Gallimard, 1983. p. 134.

Certamente não seguiremos o curador de sua edição alemã, agora traduzida no Brasil, quando as considera prosaicas, revelando apenas a humanidade do fundador de uma ciência.[2] Não acreditamos que ciência tenha fundador, pensamos que quando se atribui a conjunto de ideias o estatuto de ciência, mais vale determinar as condições de sua emergência. Muito menos seguiremos Roudinesco, que lê nas cartas a recriação de dinastias gregas já presentes na teoria.[3] O que tem sido feito é mais próximo de certa imprensa "que descreve seres desenhados como sonhos, desejos realizados em mil e uma palavras, a Vida segundo Paris Match metamorfoseia nossas vidas cotidianas, nossas vidas zero grau".[4]

Abandonaremos assim Roudinesco e Schröter, que tanto e tão bem nos possibilitaram a leitura das cartas às crianças, a Anna Freud, mas cuja visão do conjunto não nos convêm. Pois não é que Schröter vai até a evocar o "humanismo, a mesma sinceridade, a mesma franqueza nas questões financeiras, assim como nas sexuais, a mesma seriedade e a mesma tolerância com tudo que é humano",[5] quando constatamos coisas diferentes: pai lutando para guardar as filhas perto de si mesmo sabendo que se

---

[2] SCHRÖTER. *Cartas aos filhos,* p. 21. Aliás, é curioso. O título original é *Briefe na die Kinder,* o que deu em inglês *Letters to his five older children,* em francês *Lettres à ses enfants,* no Brasil poderia ter dado em *Cartas à suas crianças.* Deu *Cartas aos filhos.* Dando-se que a maior parte dessas cartas são dirigidas à Sophie ou à Mathilde, perguntamos: porque não *Cartas às filhas,* que fosse *aos filhos e às filhas,* o que não tem cabimento em 2022 é esse exclusivismo do gênero masculino.

[3] ROUDINESCO. Préface: Les enfants de la psychanalyse, p. 19.

[4] DUBOIS, J. *et al.* Les biographies de Paris-Match, Persée. *Communications,* v. 16, p. 110-124, 1970. Numéro thématique: Recherches Rhétoriques.

[5] SCHRÖTER. *Cartas aos Filhos,* p. 21.

trata de combate inútil. Relembraremos agora Marianne Krüll, quando assinala a origem do nome "Freud", ah, esse sobrenome, esse sobrenome, quantas histórias vieram da bisavó do avô, Freyde, como escrevemos. A perpetuação do nome é devida ao próprio Freud ou a Martha e às meninas que tanto queriam o nome para si? Lembremos Lacan: o nome do pai é declarado pela mãe. A operação da metáfora paterna é realizada a partir do desejo materno. Lacan combina a triangulação fálica imaginária (mãe-filho-falo) com a triangulação simbólica edipiana (pai-mãe-criança). Isso também é o que o diagrama *R* explica. Portanto, não existe razão para assumir e afirmar em permanência qualquer onipotência paterna, nem mesmo perpétua precedência do nome do pai. Lacan aponta a dialética do real, do simbólico, do imaginário. Assim sendo, o patronímico patriarcal é retorno do nome próprio de jovem mulher, e a mãe, as filhas que o reivindicam, só fazem restabelecer o rejeitado, o foracluído, o nome da antepassada. Há certo humor da história quando faz com que o nome da antepassada, Freyde, venha a ser o sobrenome de Freud.

Mas por que insistir tanto sobre o santo nome-do-pai, se mesmo o nome de Deus pode se decompor: Adonaï, Elohim, El-Elohé, El-Shaddaï, YHWH, Yahvé, Jéhova, e continuemos, com os qualificativos Yahvé-Jiré, Rapha, Nissi, M'Kaddesh, Shalom, Tsidkenu, Roki, Shamma e ainda Yahvé-Sabaoth, e para El, El-Roï, El-Olam, El-Gibhor, e ainda outros, como Proust no último capítulo de *No caminho de Swann*, "Nomes de terras: o nome", em que evoca os nomes das cidades e reivindica de maneira repetitiva não sacrificar nenhum nome, e os repete, decompondo as sílabas de cada qual muito antes que se fale da partição da letra. Evoca os nomes de Parma, Veneza, Florença, Quimperlé,

Lamballe, Baalbek, Lannion, Bénodet, Pont-Aven, Vitré, ladainha interminável de nomes de cidades. Da mesma forma, o nome-do-pai resulta de lista interminável de outros nomes, porém que se leia, que se leia bem, tudo que se puder ler sobre os nomes, antes de consagrar a um só.

Voltando: Krüll faz ainda levantamento minucioso das condições de vida da família Freud na chegada a Viena, fugindo de sua longínqua Galícia, com Sigismund de 3 anos, Anna recém-nascida. Krüll estuda o registro de onde moraram os Freud. Jacob com a família vêm morar em Leopoldstadt, bairro muito pobre de região que ainda não fazia parte de Viena em 1857. "Durante os primeiros anos, Jacob e sua família mudam várias vezes de moradia, como o mostram os atos de nascimento das irmãs, do irmão, de Freud, registrados na comunidade israelita de Viena."[6] Em março de 1860, moram em Weissgärber 3, na casa de certo Selig Freud, destilador doméstico de álcool; entre março de 1861 e julho de 1862, moram em Weissgerberstrasse 114, em maio de 1864, em Pillerdorfgasse 5. A família só se instala na Kaiser-Joseph-Strasse 3, hoje em dia Heinestrasse, em 1875, quando Freud já tinha 19 anos e frequentava a universidade. É só a partir daí que a lenda familial, familiar, de Freud com quarto só para ele, passa a vigorar.

Em contrapartida, temos agora melhor ideia de por que Freud não foi escolarizado em seus estudos primários. As condições de vida de sua família o teriam dificultado. Que Freud tenha sido excelente aluno logo no primeiro ano de seus estudos mostra suas capacidades como estudante, é certo, mas mostra também o que o pai e a mãe espera-vam, queriam, sonhavam com ele e para ele. Logo em seu

---

[6] KRÜLL. *Sigmund, fils de Jacob*, p. 134, 207-208.

primeiro ano de escola, quando tinha 11 anos, ganhou prêmio com *História da vida animal*.[7] O destino de Freud era pouco a pouco traçado através dos fantasmas, desejos, sonhos de sua família. Sua irmã, que acabamos de mencionar, recorda ainda que a mãe sempre tinha tido palavra, cena a descrever, em que o destino do filho aparecia sendo o de grande homem. Freud o será. Certa feita, tendo sujado a poltrona da mãe, vendo-a desesperada, acalmou-a: "Não se preocupe. Serei um grande homem. Te darei uma nova".

Entretanto, lembremos aqui nosso segundo apoio para compreendermos o destino de Freud, a situação dessa correspondência, esses álbuns de família, apoio de peso, que permite situar Freud entre os "judeus excepcionais". Sem nunca mencionar o nome então já famoso, entre os exemplos que dá, muitas vezes vemos sua sombra quando Arendt escreve sobre "os privilégios da educação", pois a massa dos judeus do Império Austro-Húngaro não tinha acesso a tal luxo.

"O contraste entre judeus ricos e judeus cultos só se manifestou em toda sua evidência na Alemanha. Na Áustria, a *intelligentsia* judia só apareceu no final do século XIX, e ela sentiu imediatamente as reações antissemitas." E, mais adiante: "O problema que se colocava a todo indivíduo judeu em cada geração era de saber se continuaria sendo pária ou se seria transformado em *parvenu*".[8]

Em que desagrade nossos psicanalistas hagiógrafos, em que aborreça nossos historiadores iluminados, saído de

---

[7] BERNAYS-FREUD, Anne. My Brother Sigmund Freud. *The American Mercury*, v. 51, n. 203, nov. 1940.

[8] ARENDT, Hannah. La Tradition Cachée. *Le Juif comme paria*, p. 113-157. Ela conta a história dos judeus excepcionais: com a chegada dos nazismo ao poder aprenderam, a duras penas, que eram mais judeus que excepcionais.

família de imigrantes, ele próprio criança imigrada, judeu do leste em mundo onde as discriminações feitas pelos judeus do oeste eram tão grandes quanto aquelas erigidas pelas austríacos de longa data, tendo conhecido fulgurante ascensão social, Freud foi, sem hesitação, *parvenu*.

Repetido, para não esquecermos: as cartas criaram família saída do nada, ou melhor, improvável estranha família, formada por pobre comerciante mascate de 40 anos, expulso de Leipzig, irmão de falsários cumprindo pena de prisão, já com filhos da idade da noiva, jovem de 20 anos, de ilustre família de rabinos, embora também com problemas com a justiça. Freud transforma essas estranhas famílias com a pura força do punho de escritor e a genialidade do inventor, enaltecendo o próprio nome, exigindo que as filhas, mesmo casadas, continuassem com seu nome, em espantosa ascensão social, criando dinastia, igual às das maiores famílias de seu tempo. Ou eram as filhas que o queriam? Ou era Martha que o sugerira, com discreta insistência. Ou teria sido sua mãe, Amalia? Ou quem então? Tudo isso é grande surpresa diante das histórias tradicionais, das lenga-lengas Paris-Match da história da psicanálise. Seus filhos, mais tarde, imporão o nome à força de persuasão até mesmo aos que não o tinham de nascimento, como foi o caso de Ernst. O nome "Freud" era muralha, vitória contra o esquecimento. As cartas deveriam sedimentar o que passava a existir de um nada onde nunca existiam famílias consolidadas, ao abrigo de perseguições, dos *pogroms*. O *fort-da* adquire, assim, outras dimensões para cada um, para Freud, também o *fort-da*, pária, dos *pogroms*, ao *parvenu* patriarcal, imperial, fundador de dinastia. ●

Sigmund e a filha Anna, 1913.

ÁLBUM DE FAMÍLIA III

◢ PULSÃO DE MORTE, *ALÉM DO PRINCÍPIO DE PRAZER*, UM LIVRO DE ANNA

"Não querer dizer, não saber o que se quer dizer, não poder dizer o que achamos que queremos dizer, e ainda assim dizer, ou quase."[1] Terei pouco a acrescentar, alguns dados, enquadrar imagens indefinidas de *Além do princípio de prazer*, dois, três fios, guias nesse labirinto onde a cada quina de frase arriscamos encontrar algum Minotauro, nesse álbum em que cada página traz surpresas, calafrios, calhamaços de especulações escondendo rostos familiares. Como o de Ernst, o *Além* são os retratos, as cartas, os álbuns, Lou Andréas-Salomé, Anna Freud, sobretudo Anna e, a partir dela, muitas especulações, como não cessa de dizer Freud, como o assinala Derrida, "um, dois, três, a especulação sem termo", de "a tese, a não-tese, e a hipótese", "especula interminavelmente",[2] mostrando, insistindo sobre o papel da especulação nesse trabalho do pai enlutado, pensa ele, ligando, afastando a ligação, entre especulação, luto, consagrando uma obra ao *Além*, um aquém do *Cartão-postal*.[3]

---

[1] BECKETT, S. *Molloy*. Tradução de Ana Helena Sousa. Rio de Janeiro: Globo, 2007.

[2] DERRIDA. *O cartão-postal: de Sócrates a Freud e além*, p. 65.

[3] DERRIDA. *La vie la mort: séminaire (1975-1976)*, p. 321 e seguintes.

Quero lembrar que existem muitas maneiras de abordar essa questão. E se o *Além* fosse uma ideia deixada em Freud quando soube que Gustav Klimt pintara quadro chamado *A jovem e a morte* ao mesmo tempo que terminava outro, *A mãe e a morte?* Ambos em 1915, quando um avô observava o neto brincar do que ele próprio e a mãe, sua filha, chamaram de *fort-da*, *fort-da*, *dada*. Menciono ainda outra maneira. A abordagem feita por Freud do tema da morte é típica da cultura das classes médias vienenses às quais buscava se conformar, de maneira contraditória, tanto mais quanto ele próprio, de origem judaica, era estrangeiro a esse mundo. A psicanálise obedece com muito rigor ao que se chamava então de niilismo terapêutico,[4] sendo essencial, sempre, nada fazer. Johnston, que o assinala, indica mais, muito mais, com vários, densos capítulos consagrados a Freud, estudando em detalhe o niilismo terapêutico na medicina austríaca, quando o mais importante era, sempre foi, não fazer nada. Pulsão de morte é um tema bastante comum aos Anos Loucos, *Années Folles*, aos quais pertence a segunda parte da obra de Freud, a partir de 1920.

O acolhimento

Parece que Freud, ele mesmo, delimita o contexto em que coloca o *Além* em carta que envia a Arthur Schnitzler, 14 de maio de 1922.

---

[4] JOHNSTON, W. M. *L'esprit viennois: une histoire intellectuelle et sociale 1848-1938*. Traduction de Pierre-Emanuel Dauzat. Paris: Presses Universitaires de France, 1985. p. 23. Seus três capítulos sobre Freud são essenciais a quem se interessa pela história da psicanálise.

Acho que o evitei por uma espécie de relutância em encontrar meu Duplo. Não que eu seja facilmente inclinado a me identificar com Outro, ou que pretenda ignorar a diferença de talento que me separa do Senhor, mas sempre que fico profundamente absorto em suas belas criações, invariavelmente pareço encontrar debaixo de sua superfície poética os próprios pressupostos, interesses e conclusões que sei serem meus. Seu determinismo, bem como seu ceticismo – o que as pessoas chamam de pessimismo – sua preocupação com as verdades do inconsciente e das pulsões no homem, sua dissecação das convenções culturais de nossa sociedade, a extensão de seus pensamentos sobre a polaridade do amor e da morte, tudo isso me comove com um sentimento de familiaridade assombroso. (Em um pequeno livro intitulado *Além do princípio de prazer*, publicado em 1920, tentei mostrar que Eros e a pulsão de morte são as forças motoras cuja interação domina todos os enigmas da vida.) Assim, formei a impressão de que você sabe por intuição – ou melhor, por auto-observação detalhada – tudo o que descobri por meio de um trabalho árduo sobre outras pessoas. De fato, acredito que fundamentalmente sua natureza é a de um explorador de profundidades psicológicas (tradução nossa).[5]

Freud situa assim o *Além* entre obras literárias. Quanto à suas razões de ter evitado Schnitzler ou de este nunca o ter procurado, digamos, para resumir, que o escritor sempre

---

[5] CLINE, L. Beyond the Pleasure Principle. *New York World*, August 31, 1924. In: KIELL, N. *Freud Without Hindsight: Reviews of His Work (1893-1939)*. Madison, CT: International University Press, 1988. p. 441-458.

teve preocupações políticas que escapavam ao psicanalista. Nos Estados Unidos, a partir de 1924, jornais começam a comentar o livro de Freud. Entre resenhas, mencionemos o apelo a uma pesquisa sobre o "Wish to Die" na poesia norte-americana,[6] a consideração do *Além* como *ghost story*,[7] história de fantasmas, casa mal-assombrada, "francamente especulativo",[8] abrindo série composta em seguida por *Psicologia das massas e análise do Eu, O Eu e o Isso*.

Wladimir Granoff pensa que, para abordar o *Além*, é preciso lê-lo em paralelo a *Thalassa*, de Ferenczi,[9] ambos publicados na mesma época, fazendo parte de um mesmo projeto, como o sabe Ulrike May,[10] o Projeto Lamarck. Granoff insiste sobre a dimensão especulativa comum aos dois amigos. Jean Laplanche considera que o *Além* é o texto mais fascinante, mais confuso, da obra de Freud, que deve ser lido em paralelo a "Bate-se numa criança".[11] Jones, primeiro grande criador de história de Freud, uma lenda, também aproxima o *Além* de "Bate-se numa

---

[6] RANSON, J. C. Freud and Literature. *Review of Literature*, 1924. In: KIELL. *Freud Without Hindsight: Review of His Work (1893-1939)*, p. 449.

[7] CLINE, L. Beyond the Pleasure Principle. *New York World*, August 31, 1924. In: KIELL. *Freud Without Hindsight: Review of His Work (1893-1939)*, p. 453.

[8] SILVERBERG, W. V. *Canadian Journal of Philosophy*, v. 22, p. 530-532, 1925. In: KIELL. *Freud Without Hindsight: Review of His Work (1893-1939)*, p. 456.

[9] GRANOFF, W. *Lacan, Ferenczi et Freud*. Paris: Gallimard, 2001. p. 88 e seguintes.

[10] MAY, U. The Third Step in Drive Theory: On the Genesis of Beyond the Pleasure Principle. *Psychoanalysis and History*, v. 17, n. 2, p. 205-272, 2015.

[11] LAPLANCHE, J. Pourquoi la pulsion de mort? In: *Vie et mort en psychanalyse*. Paris: PUF, 1970. p. 159-190.

criança",[12] enquanto Peter Gay, outro eminente historiador de Freud, não parece dar importância ao livro. Fazendo uma resenha de cada livro que considera como escritos maiores do *Professor*, nem menciona o *Além* em índex, que só vem a aparecer sob a rubrica "prazer".[13] Já Gilles Deleuze, que lê o *Além* em bela leitura, aproxima-o dos escritos sobre sadismo, masoquismo, considera-o como "reflexão propriamente filosófica".[14] Ou Paul-Laurent Assoun, que menciona várias vezes o *Além* em seu livro, sublinhando o elo entre a compulsão de repetição e o eterno retorno, sem nunca lhe dar nenhuma atenção especial nem o situar entre trabalhos de filosofia.[15]

Jones, Gay, Granoff, Laplanche, Young-Bruehl, May, Derrida, Deleuze, Assoun fazem de Freud puro espírito pensante, desencarnado, existindo no mundo liso, atormentado, confuso, dramático, extremamente criativo, mas sempre apenas de ideias, teses, contrateses, argumentações.

Rara e única exceção a esta lista de pensadores sobre o *Além*, é Didier Anzieu. Se o texto de Freud tem alguma relação com o narcisismo, esse autor o considera "filho do incesto... imperfeito, talvez monstruoso". O tal incesto seria o cometido por Freud com a cunhada, Minna Bernays,

---

[12] JONES, E. Metapsicologia. In: *A vida e a obra de Sigmund Freud*. v. 3. Tradução de Júlio Castañon Guimarães. Rio de Janeiro: Imago, 1989. p. 268-287.

[13] GAY, P. *Freud: uma vida para o nosso tempo*. Tradução de Denise Bottmann. 2. ed. São Paulo: Companhia das Letras, 2012. p. 399-407.

[14] DELEUZE, G. *Sacher-Masoch: o frio e o cruel*. Tradução de Jorge Bastos. Rio de Janeiro: Zahar, 2009. p. 109.

[15] ASSOUN, P.-L. *Freud et Nietzsche*. [1980]. 3. ed. Paris: Presses Universitaires de France, 2018. p. 6. [Edição brasileira: *Freud e Nietzsche: semelhança e dessemelhança*. 2. ed. Tradução de Maria Luiza Pereira. São Paulo: Brasiliense, 1997.]

com quem acabara de passar 17 dias "deliciosos", escreve ele, em viagem de férias, apenas ambos. Quanto haveria a se dizer sobre esse casal! Quanto se disse, no mais das vezes para negar que houvesse algo entre eles, até que se encontrou registro em hotel onde ambos passaram aqueles dias sozinhos, compartilhando o mesmo quarto. Estudar o casal agora nos afastaria demais de nossa preocupação atual, de imediato, temos algo mais importante.

Assinalo que o *Além* é escrito em paralelo à análise que Freud conduz da filha. Freud evoca, como veremos, razões bem materiais para abandonar sua metapsicologia, a impossibilidade de trabalhar com disciplina, a natureza fragmentária de suas experiências, o caráter esporádico de suas descobertas, a necessidade de viver mais 10 anos e poder continuar a trabalhar, os sofrimentos de sua família.[16] Freud lembra ser de carne, osso, ter necessidades corriqueiras, estar bem longe de ser puro espírito pensante. No mesmo ano em que escreve o *Além*, Freud relata o caso de uma jovem que o procurou. Hoje sabe-se, era Sidonie Csillag,[17] que odiava Freud, considerava-o repugnante, talvez até pior. Através de Sidonie, Freud refletia, pensava, dava tratos à bola ao que ouvia de sua filha, *Annafilha, Filhanna*. Com efeito, o que pode pai que ouve filha, dia após dia, falar de masturbação, dos fantasmas que a acompanham, masoquistas, de suas "belas histórias", o que pode tal pai fazer, senão especular, elucubrar, pensar no *Além*?

---

[16] Carta a Lou Andreas-Salomé, em 2 de abril de 1919. In: FREUD, S. ANDREAS-SALOMÉ, L. *Correspondência completa*. Tradução de Dora Flacksman. Rio de Janeiro: Imago, 1975. p. 129.

[17] RIEDER, F.; VOIGT, D. *Desejos secretos: a história de Sidonie C., a paciente homossexual de Freud*. Tradução de Laura Barreto. São Paulo: Companhia das Letras, 2008.

Comecemos então pelo quadro geral, os títulos, *Além do princípio de prazer, Além do bem e do mal.*

◢ LOU, O ALÉM

Já o título e o projeto parecem esconder o nome, o rosto de Nietzsche. Muito foi escrito sobre Freud e Nietzsche. O *PEP-Web* lista 55 artigos tratando deles. O próprio Freud, sobre esse assunto, desenha labirintos, longe de ser claro. Em carta para Fliess, diz ter comprado livro do filósofo. Escreve até mais: "Acabo de adquirir um Nietzsche, em quem espero encontrar palavras para muito do que permanece emudecido em mim, mas ainda não o abri. Preguiçoso demais, por ora".[18]

Em 1914, porém, fazendo a história do movimento que fundara, afirma ter-se negado "o enorme prazer da leitura das obras de Nietzsche, com o propósito deliberado de não prejudicar, com qualquer espécie de ideias antecipatórias, a elaboração das impressões recebidas na psicanálise".[19] Em 1919, no artigo sobre *O infamiliar* [O estranho], evoca Nietzsche para sublinhar o retorno constante de mesmas situações nas vidas das pessoas.[20] Em carta a Groddeck, escrita durante as férias de Natal de 1922, sente-se contente em reconhecer Nietzsche como

---

[18] Carta de 1º de fevereiro de 1900 a Wilhelm Fliess. In: *Correspondência completa de Sigmund Freud para Wilhelm Fliess,* 1986. p. 398-399.

[19] FREUD, S. *A história do movimento psicanalítico: artigos sobre a metapsicologia e outros trabalhos (1914-1916).* Tradução de Themira de Oliveira Brito. Rio de Janeiro: Imago, 1997. p. 10. (Obras Completas, v. XIV.)

[20] FREUD, S. *O estranho.* In: *História de uma neurose infantil e outros trabalhos (1917-1918).* Tradução de Eudoro Augusto Macieira de Souza. Rio de Janeiro: Imago, 1996. p. 293. (*Obras Completas,* v. XVII.)

o precursor do termo "Isso".[21] E o repete em seu livro do ano seguinte, *O Ego e o Id*.[22] Pouco depois, em *Psicologia das massas e análise do Eu*, menciona claramente, reivindica, o "super-homem" de Nietzche.[23] Então, leu, não leu? Proibiu-se o prazer, abandonou-se a ele em segredo?

Freud conhece Nietzche o suficiente para escrever a Groddeck no Natal de 1922 que sabe que o termo "Isso" usado por ele vem de Nietzsche,[24] em *O Eu e o Isso* o assinala em público. Em *Freud por ele mesmo*, confessa que durante muito tempo evitou a leitura de Nietzsche, "menos por uma questão de prioridade do que para guardar a mente desembaraçada";[25] porém Freud inverte a ordem temporal, cronológica das coisas: é Nietzsche que esteve de acordo com as descobertas fundamentais da psicanálise, não os psicanalistas que se inspiraram no filósofo. Seja como for, a partir de 1911, tudo muda. Nietzsche cessa de ser etéreo nome desencarnado, finda sua existência no panteão dos filósofos, toma corpo para os psicanalistas, sobretudo para Freud, na amável, delicada, imponente pessoa de Lou Andreas-Salomé.

É útil lembrar, insistir, que *Além do princípio de prazer* é título evocador do filósofo, *Para além do bem e do mal* ou *Prelúdio de uma filosofia do futuro*, livro comemorativo

---

[21] GRODECK. *O homem e seu isso*, p. 51-52.

[22] FREUD, S. *O Ego e o Id e outros trabalhos (1923-1925)*. Tradução de José Octávio de Aguiar. Rio de Janeiro: Imago, 1976, p. 6. (Obras Completas, v. XIX)

[23] FREUD, S. *Psicologia das massas e análise do eu* (1920-1922). Tradução de Paulo César de Souza. São Paulo: Companhia das Letras, 2011. p. 77. (Obras Completas, v. 18).

[24] GRODECK. *O homem e seu isso*, p. 51.

[25] FREUD, S. Autobiografia. In: *O Eu e o Id, "Autobiografia" e outros textos.* Tradução de Paulo César Lima de Souza. São Paulo: Companhia das Letras, 2011. p. 148. (Obras Completas, v. 16.)

do fim da paixão entre o filósofo e a futura psicanalista, que, jovem, colecionava amantes célebres. Jones, em monumental biografia de Freud, atribui a Andreas-Salomé amizade íntima com ninguém menos que Ivan Turgueniev, Leon Tolstói, Augusto Strindberg, Auguste Rodin, Arthur Schnitzler, Friedrich Nietzsche e Rainer Maria Rilke (René de nascimento, muda de nome seguindo o conselho da mulher amada).[26] Pouco importa se essa longa lista corresponde de fato à vida, à vida nua, ao grau zero da vida; em todo caso, ela retrata o que a chegada de linda mulher com tal fama implica: espanta, mexe com aquele bando de homens maduros, idosos, barbudos, fumadores de charuto. Para ela abrem exceção, não exigem a conferência pessoal solicitada a todos. Freud estava seguro: ela era mulher que exigia exceções.[27]

Entre eles haverá longa paixão imortal.[28] Ambos se encontram em 1911, no Congresso Psicanalítico de Weimar, para o qual um amigo a convidara. Ela tem uns 50 anos, Freud, uns 55. Ela acabava de publicar *O erotismo* [*Die Erotik*]. Freud conhece a história, as histórias, quem não as conheceria? Andreas-Salomé publicou poema com Nietzsche, deixou publicar foto sua, Nietzsche, um amigo, ela, chicote nas mãos, o filósofo, o amigo, atrelados à charrete que conduz. No congresso, ela apresenta Rilke a Freud, que se encanta com ele. Varam a noite conversando.[29]

---

[26] JONES, E. A Maturidade. In: *A vida e a obra de Sigmund Freud*, v. 2. Tradução de Júlio Castañon Guimarães. Rio de Janeiro: Imago, 1989. p. 186.

[27] JONES. A maturidade, p. 186.

[28] ASTOR, D. *Lou Andreas-Salomé*. Paris: Gallimard, 2008.

[29] LEHMANN, H. A Conversation Between Freud and Rilke. *Psychoanalytic Quarterly*, v. 35, p. 423-427, 1966.

Entre comecinho, meados de 1912, várias cartas são trocadas entre Freud e Jung a respeito da nova adepta. Ela quer apresentar trabalho para a revista *Imago* sobre a sublimação. Os dois homens a tratam com desprezo varonil. Freud na época não dá bola para pretensões psicanalíticas de mulheres. É preciso que Abraham, em 28 de abril, escreva de Berlim dizendo que esteve bastante com ela, que "nunca tinha encontrado tal inteligência da psicanálise, a tal ponto profunda e fina", para que Freud comece a mudar de opinião. Abraham anuncia ainda que ela vai passar algum tempo em Viena, que gostaria de assistir às sessões de "seu grupo". Em 2 de outubro de 1912 (325-F), Freud anuncia a Ferenczi que recebeu dois presságios de tempos melhores. O segundo deles é que "Madame Lou Andreas-Salomé quer vir para Viena durante alguns meses, só para aprender a psicanálise". Pouco mais tarde escreve para o amigo, em 31 de outubro, que ela é "mulher de inteligência espantosa" (336-F). Escreve ainda a Ferenczi em 20 de março de 1913, comunicando que, no final de sua estadia vienense, "Madame Lou Salomé" quer ir passar um, dois dias, com ele. Pede-lhe que a receba, é "mulher de grande importância", ela se aproximou muito de Tausk, o que o atrapalha, roga ao amigo de Budapeste que, discreto, sonda (385-F). A ela própria Freud escreve longa carta em 10 de novembro de 1912.

> Deve ter sido muito trabalhoso pôr estas coisas difíceis no papel, que são muito mais fáceis de discutir pessoalmente. Se a entendi corretamente, a Senhora gostaria de uma explicação oral. Eu a teria proposto há muito tempo de forma precisa se, nos últimos tempos, não tivesse acrescentado às minhas ocupações os cuidados exigidos pela criação da nova revista.

Não sei se os seus hábitos permitiriam uma discussão depois das dez horas da noite; o meu tempo livre só começa nessa altura. Se puder decidir honrar-me com uma visita a esta hora tardia, terei todo o prazer em acompanhá-la de volta para casa. Nesse caso, podíamos marcar uma quarta-feira à noite.

Senti a sua falta ontem à noite na sessão e fico contente por saber que a sua visita ao campo do protesto masculino não está relacionada com a sua ausência. Desenvolvi o mau hábito de dirigir sempre minha palestra a uma certa pessoa do meu círculo de ouvintes e ontem continuei a olhar para o lugar vazio que lhe havia reservado como se estivesse fascinado.

Não é uma declaração de amor? Convite a ser amado? Ela e Freud não mais se separam. A partir daí, entre ambos, é história de amor, sem nenhuma atração erótica, ambos preferem sublimação.[30]

Nesse romance, Lou é representante de Nietzsche, outra secreta paixão do complexo amoroso.[31] Assim vai, vão cartas, vão e voltam, *fort-da*. A intimidade entre os dois é tal que, em carta do 2 de março de 1922, Lou forja a expressão *"Annafilha"* [*Annatochter*], para indicar sua preferida, adorada, rival no amor do pai mais que amado. Anna é irmã da psicanálise, ambas são filhas de Freud, no começo rivalizam, depois fusionam, Anna acaba virando mãe da psicanálise, é o que conta Young-Bruehl.[32]

---

[30] VEROUGSTRAETE, A. *Lou Andreas-Salomé et Sigmund Freud, une histoire d'amour*. Paris: L'Harmattan, 2005.

[31] LEHRER, R. Jung, Andreas-Salomé, and Totem and Taboo. In: *Nietzsche Presence in Freud's Life and Thought*. New York: SUNY Press, 1994.

[32] YOUNG-BRUEHL. *Anna Freud*, p. 11.

Lou e Ferenczi também ficaram íntimos, varam noite conversando. Depois do "complexo de Sophie", ei-los, com carinho, zombando do "complexo de Anna"? A filha que sonhava em um dia poder assinar *Annafreud*? Quem são as filhas para esse homem, para o Velho, que tanto temia separação, solidão? Quem é Anna, que se gruda nas preocupações do pai, no próprio pai? Haveria também um *Siganna*, um complexo de *Siganna*, o Velho menina?

Em 2 de abril de 1919, Freud anuncia a amiga que abandonou a metapsicologia, que prepara o *APP*, "*Além do princípio de prazer*, com relação ao qual espero sua apreciação *sintético-crítica*".[33]

É a família do *Além: Thalassa: uma síntese.* Ficção, brincadeira. É aliás o que Freud confirma em "Ata da Sociedade Psicanalítica de Viena", encontrada tempos mais tarde. "Disseram que eu tentava impor a pulsão de morte aos analistas. Mas sou apenas como um velho camponês que planta árvores frutíferas ou como alguém que tem de sair de casa e deixar um brinquedo para que as crianças brinquem enquanto estiver fora."[34]

No imediato, porém, Freud tenta acalmar sua amiga, envia-lhe uma nova edição da "patologia da vida cotidiana", ao que ela escreve agradecida, mas não tranquilizada. Nessa mesma carta do dia 25 de agosto, ela insiste – "não posso aceitar que a metapsicologia não apareça como livro: há alguns anos, o senhor escrevia como se fosse um livro pronto, só faltando ser impresso por causa da

---

[33] FREUD, S.; ANDREAS-SALOMÉ, L. *Correspondência completa*, p. 129.

[34] A este respeito veja-se COLABONE, M. R.; PRADO, L. E. Para situar a pulão de morte. Ata esquecida da Sociedade psicanalítica de Viena. *Revista Brasileira de Psicanálise*, v. 54, n. 1, p. 201-210, 2020.

guerra e porque o senhor fazia ainda algumas correções de detalhes".

Nada demove Freud. A partir daí, só falará da metapsicologia em termos evocativos, poéticos, a "fada metapsicologia" ou "a bruxa". Quanto à pulsão de morte, nunca mais evocará, exceto vagamente em *Esboço* ou *Compêndio de psicanálise*, para dizer que "ainda não foi avaliada a relação entre princípio de prazer e as duas forças primevas, Eros e a pulsão de morte". Quanto a Salomé, ele a convida a vir visitá-lo em Viena, ficar em sua casa, conhecer melhor Anna.

◢ SIGMUND, ANNA, LOU, DOROTHY – I

Conto histórias? Quando vai terminando a primeira das análises de sua filha, além de escrever sobre o *Além* e *A Psicogênese de um caso de homossexualismo numa mulher*, Freud convida Lou para vir a Viena, para morar em sua casa. Ela chegará em 9 de novembro, ficará até meados de dezembro. Dois dias depois de sua chegada, a Max Eitingon, Freud escreve dizendo que sua esposa, sua cunhada, são cheias de ternura, atenção com a visitante. Continua, confessando que a convidou essencialmente para que se ocupe de Anna; que tem um "apetite compreensível por amizades femininas" (223-F). O pai se alegra demais de ver a filha tão contente. Gostaria apenas que ela encontrasse rapidamente razões para modificar o apego ao velho pai, *Siganna*, por outro apego, mais durável. Young-Bruehl, que comenta essa carta, observa que não são claras as intenções de Freud ao convidar amiga para a filha, o fato é que entregava a filha a ela. Desesperado com seus impasses na análise de Anna, teria buscado o pai analista passá-la discretamente, entregando a filha-paciente, doce mãe analista? Ela tem a mesma idade que Martha, mãe de Anna. Ou outra coisa?

Young-Bruehl considera que a relação entre ambas, "quase analítica, nunca o foi no sentido tradicional",[35] *Louanna, Annalou*, por certo tempo ao menos. Espantosa afirmação. O que seria o "sentido tradicional da análise"? Casar jovem paciente com jovem amigo, como Olga Hönig, a mãe do "pequeno Hans", com Max Graf, o amigo da Sociedade das Quartas-Feiras? Os passeios de Freud, Ferenczi? A análise de Anna? Ainda mais que a autora descreve Lou deitada em seu divã meditando em voz alta, Anna sentada a seus pés, ouvindo, falando também. Trata-se de análise mútua. Ferenczi a praticava na época, Freud a havia encorajado durante muito tempo, no começo do século, até 1910.

Anna faz última tentativa, achega-se a Eitingon, o pai não encoraja, falam de Eitingon em suas sessões de análise, acaba aceitando que Anna fique com Dorothy Burlingham, tudo fez para que isso acontecesse, todos ao alcance de suas mãos, de seu olhar, de sua impossível solidão. Assim, podemos ler a pulsão de morte à luz dessa situação, todas as especulações infindáveis de *Além do princípio de prazer* como interminável elucubração de pai analista buscando compreender, ao mesmo tempo evitar, o incompreensível da masturbação resistente da filha de 25 anos, mesmo depois que se torna analista. Como pode filha contar ao pai suas sessões de masturbação sem que isso desencadeie em um, no outro, pensamentos de morte? O Projeto Lamarck, sendo outro nome da metapsicologia, tendo começado

---

[35] YOUNG-BRUEHL. *Anna Freud*, p. 101.

com Fliess, desagua agora com Andreas-Salomé, a quem Freud escreve carta pondo fim à metapsicologia, ao que buscava desde após o nascimento de Anna.

Um pai analisa a filha

Freud sempre analisou a filha, observava, anotava, comentava, transcrevia sonhos da filha mesmo ainda bebê.[36] Era assunto de família. Mais tarde, em 3 de agosto de 1915, Anna, indo para seus 20 anos, escreve para o pai contando sonho, grande taça de café, creme chantilly, de pronto se lembra, outro sonho, ouviu o pai contar de quando era bebê, o sonho atual seria retorno "em espelho" ao antigo sonho dos morangos contado pelo pai, sonho do pai? (62-AF). Três dias depois, escreve outro sonho, que acrescenta em PS à sua carta: sonhou que ele era um rei, e ela, princesa, queriam colocá-los um contra o outro por meio de intrigas políticas, o que a irritava muito (65-AF). No outono de 1918, quando Freud começa a analisar sua filha, é apenas a formalização de prática ininterrupta, desde sempre. É aí, como já observamos, e insisto, que Freud escreve *O infamiliar*. Olha-se no espelho da filha? Um na outra, refletidos? Na época, tem pouquíssimos pacientes, pode então consagrar uma hora por dia à filha, seis dias por semana, tarde porém, só o poderá depois das 22 horas.[37] É fácil reconstituir a análise de Anna. Sua biografia tem rico capítulo a respeito, outras páginas são de igual interesse, mais polêmicas. Existem ainda as correspondências de

---

[36] FREUD. *A interpretação dos sonhos (1900)*, III: "O sonho é a realização de um desejo".

[37] YOUNG-BRUEHL. *Anna Freud*, p. 105.

Anna com o pai, com Eva Rosenfeld, com Eitingon, com Andreas-Salomé. Desta temos ainda a correspondência com Freud, para quem ele escreve com frequência sobre a filha, de maneira que sua correspondente se torna supervisora dessa análise tão heterodoxa, transgressora de todas as regras que ele próprio estabelecera, estabelecia, estabelece, lembra aos outros, mesmo quando os encoraja a transgredi-las. Todas permitem compreender não apenas a análise de Anna, mas também o mundo analítico da época, como Freud analisava, onde não eram raras as confusões entre vida familiar, social, psicanálise, pelo contrário, eram a norma, a análise da filha pelo pai sendo apenas exemplo de generalizada confusão desde sempre. E assim vai, assim vamos, *fort-da*, *fort-dada*.

De maneira clássica, diz-se que a análise de Anna teve dois períodos, 1918-1922 e 1924-1925. Entretanto, ainda em 1929, 1930, ela escreve a Eva dizendo que teve três sessões, em seguida escreve "ser inevitável" que tenha quatro sessões em um dia.[38] Lendo, parece que as sessões lhe são impostas. Ela comenta que lhe sobram 20 horas por dia de liberdade, que deve apagar as luzes rapidamente, antes que chegue o pai para mais uma sessão. Mas o que quer tanto dessa filha tal pai? Ouvir confissões sobre o que já sabe?

Outro caminho ainda existe para conhecer essa análise: comparar passo a passo a produção teórica do pai, da filha, marcando suas obras com temáticas fortes para ambos. Por exemplo, a sexualidade feminina, o masoquismo, o sadismo anal. Sabemos que a conferência de admissão de Anna à Sociedade Psicanalítica que mais tarde virou texto,

---

[38] FREUD, A. *Lettres à Eva Rosenfeld, 1919-1937*. Tradução de Corinne Derblum. Paris: Hachette, 2003.

"Fantasmas de surra e devaneios", tem relação íntima com o texto do pai "Bate-se numa criança", que, por sua vez, baseia-se, em parte, sobre a análise da filha. E assim seguem-se outros textos, de um, de outra, de outra e um, escritos em paralelo, prolongando em teoria conversas analíticas misturadas com conversas familiares, pai, filha, sempre unidos, para sempre, até que a morte os separe. Em carta de 13 de março de 1922, Freud explica a Andreas-Salomé:

> Minha *Annafilha* me faz muita falta. Ela partiu no dois deste mês para Berlim e Hamburgo. Há muito lamento que ela viva ainda em casa com seus velhos… Mas, por outro lado, se ela devesse partir de verdade, eu me sentiria tão empobrecido quanto estou agora, por exemplo, ou se eu devesse renunciar a fumar. Dizemos tudo isso com muito menos clareza quando estamos juntos, e continuamos a praticar estas injustiças. Por causa de todos esses conflitos sem solução, é bom que a vida acabe um desses dias.

De que trata a análise de Anna? De que talvez ela se sinta como o charuto do pai? De que ela se sinta indispensável ao pai? De que ela não queira que ele morra para resolver seus conflitos com ela, conflitos dos quais ela tem a intuição? Provavelmente isso tudo. Aos 25 anos, sem jamais ter namorado, sem jamais namorar, tendo repelido todos os pretendentes, no começo afastados pelo pai, depois por ela mesma, sofre de dores pelo corpo, muitas dores dorsais, enxaquecas. Sofre ainda de inibição social, retraimento, indecisões, tudo isso o pai relata em seus artigos. A filha se lembra: tudo começou com fantasmas de surra, atingindo tal intensidade, só a masturbação aliviava. Havia os fortes, os fracos, os adultos, a criança, a punição por algo errado. Pouco a pouco, as cenas de surra foram recobertas por "belas histórias". A diferença entre ambas era que agora as cenas eram exclusivamente entre garotos, meninos, terminando em reconciliação, em perdão, ela própria se transforma em menino submisso. Ela é sempre submissa, mas seu superior nem sempre é benevolente, às vezes volta a ser muito malvado, exigente. Mesmo depois do final, a cena de surra podia recomeçar. E, em todo caso, a masturbação se impunha. Com o passar do tempo, Anna começou a escrever poemas, projetar contos, romances, sucedâneos das "belas histórias". Nada disso acaba com a masturbação. A partir de certo momento, atenuando as inibições, após conversas com Lou, com Eitingon, decide apresentar trabalho para se tornar membro da Sociedade Psicanalítica de Viena. Fez sua conferência com o texto já mencionado, no qual conta sua análise como sendo a da menina que ela pretende ser seu primeiro caso clínico. Não apenas expõe seu caso, como se identifica com o pai, ninguém o vê? Põe fim às "belas histórias", abandona um projeto de romance, passa a escrever teoria analítica, pai, filha, satisfeitos com o resultado da análise. Mas também preocupados. Ambos consideram "ser analista" como solução viril para jovem homossexual assexuada até então.

A própria Andreas-Salomé se alarma. Em carta de 18 de maio de 1924, parece avisar à amiga (173-L):

> Penso muitas vezes na sua análise com teu pai. Já existiu algo semelhante? Sua simples existência é uma proeza; ele pode ousar oferecer esse terno presente paternal, fruto do *rigor*. Essa autoridade vestida de psicanálise, com a ambição, por assim dizer, de ser esquecida, só pode gerar um amor por ele *maior*, até certo ponto um amor *alado* que olha

para baixo os *fardos* do amor comum, cujas raízes mergulham em suas origens e lutam ainda com elas.

Por trás dessa apreciação ditirâmbica da análise da amiga, há um aviso. Apesar de ser "amor alado", ainda assim é invasivo. Tudo isso Anna sabe, revive com Lou, a quem ela termina por confessar, em carta do 1º de junho de 1924 (474-A):

> Você tem razão de imaginar que nossas sessões de análise noturnas são algo de muito estranho devido, precisamente, à ausência de um terceiro útil à transferência, que serve a relançar e a liquidar os conflitos. O trabalho continua a avançar, muito seriamente e em profundidade: progride com mais rapidez, com resistência menor que antes.

Quando não está em análise com o pai, seis vezes por semana, às vezes mais, como vimos, Anna tem com ele também sessões de supervisão. "Acabo de voltar de uma conversa no quarto de papai…" (carta de 13 de janeiro de 1924 – 150-A). E a mãe? E a tia, no quartinho junto, ao lado? Quando cessa, quando anuvia, essa conversa permanente com o pai? Nesse ritmo, não espanta que entre eles apareça a telepatia. Em 9 de julho de 1925, no correr da segunda análise da filha, Freud escreve a Abraham comunicando a "sensibilidade telepática" da filha, mais tarde ela escreve a Jones sobre as experiências que faziam sobre a "transmissão de pensamentos".

Lembremos ainda. Muito foi escrito, foi dito, mais ainda cogitado, a respeito da pulsão de morte, de *Além do princípio de prazer*, da "inquietante familiaridade", muito. Nem falemos, nem lembremos, por exemplo, de Derrida no magnífico *Cartão-postal: de Sócrates a Freud e além*. Tão poderoso livro é apenas um entre os vários que consagrou a Freud, à pulsão de morte. Inspirou-me aqui seu estilo irreverente de escrever, falar, sobre Freud, curioso avô cientista não científico, que se abandona a especulações, rejeita quaisquer linhagens, inclusive, sobretudo a sua. Nem pensemos em May, em seu trabalho rigoroso sobre o que acredita ser um terceiro passo, momento, degrau, na teoria das pulsões, a gênese de *Além do princípio de prazer*.[39]

May mostra as cartas de Freud com rigor, salvo que a idealização a impede de estabelecer cronologia para além do princípio do rigor, estabelece impressionante ordem cronológica para a redação de *Além do princípio de prazer*, cuja redação começou em março de 1919, com caneta presenteada por Jones. Ela fica maravilhada com a capacidade redacional de Freud, acredita que um primeiro manuscrito já estava pronto a tal data, tenta compartilhar segredo quando vê a relação que certamente existe entre o *Além* e tal projeto secreto entre o autor e Ferenczi, o Projeto Lamarck. May estabelece datas para a redação do segundo manuscrito a partir da cronologia de cartas de Freud à filha, se maravilha tanto com tantos detalhes, adora tanto Freud, que não vê que é em carta a Andreas-Salomé, em 1º de agosto de 1919, na qual anuncia a morte de Tausk, que, quase sem transição alguma, Freud anuncia que começou a se preocupar com a morte. Para May, menos para Derrida, Freud é puro espírito pensante, teorizador, especulativo, mas especula sobre o quê? Sobre o que se interroga que não seja elucubração derivada da impossibilidade de compreender a masturbação da filha, *fort-da*, *fort-dada*? Isso nossa ilustre

---

[39] MAY. The Third Step in Drive Theory: On the Genesis of *Beyond the Pleasure Principle*, 2015.

historiadora não vê. Apesar de estabelecer a lista das cartas que o pai envia à filha tratando do *Além*, não lhe passa pela cachola comparar a produção teórica de ambos, verificar a importância estratégica que ocupa Lou Andreas-Salomé. Cronologia mais que perfeita alargaria o campo de sua aplicação. Nem May, nem Derrida, nem Laplanche, nem Jones, ninguém assinala a contemporaneidade entre o *Além do princípio de prazer* e "A psicogênese de um caso de homossexualismo numa mulher".

Sabemos que, das sete partes que compõem o *Além do princípio de prazer*, uma é dedicada ao neto, ora com base nele, ora de viés, inspirado nele percorrendo trilhas, caminhos, seguindo Derrida, com mais recursos que ele por dispormos do *Diário* de Sophie, das cartas de todos os implicados nessas histórias, cartas das quais Derrida não dispunha. Outra parte do *Além* é dedicada a Anna. No que se refere à compulsão de repetição é ligado à repetição da masturbação, à luta incessante dos adolescentes para escapar ao que lhes obriga a continuar, ao "demoníaco" neles, como escreve o pai sobre a filha, sem nunca a nomear. A isomorfia entre a análise da filha e o texto sobre o *Além* é tamanha, o pai analista especulador poeta é constrangido a inserir uma "bela história" entre suas especulações. É assim que a *Jerusalém libertada*, de Tasso, aparece em seu texto. Não se assemelha essa história, de Tancredo que mata sua Clorinda, às "belas histórias" da filha paciente, de garoto forte salvando outro frágil que tenta lhe escapar?

A esse respeito, a jovem que se masturba nunca aparece nem para Derrida nem para May na análise que fazem do texto do pai. De que compulsão de repetição trata de fato o *Além*? Da masturbação de Anna, acompanhada de fantasmas masoquistas. Por que célebres pensadores pensando, escrevendo, falando sobre o *Além* nunca levam em consideração ter sido ele escrito de fio a pavio durante a análise de Anna? Relembrando. Ela retoma essa análise ainda em 1924, quando já tem 29 anos, assim escreve sobre sua análise à amiga Lou, em 5 de maio (170-A):

> retomei a análise com papai, de tardinha, como outrora. O motivo foi dado pelo comportamento não muito satisfatório de minha cara interioridade, uma insistência ocasional absolutamente inconveniente de sonhos diurnos acompanhados por uma intolerância corporal crescente em relação a meus fantasmas de surra e ao que se segue sem que eu possa, entretanto, abandoná-los. Nada de grave, mas papai aproveitou a ocasião para me propor a retomada de minha análise que havia ficado com fragmento interrompido. Isso serviria também à minha própria prática psicanalítica. Você pode imaginar o prazer com o qual o aceitei.[40]

É admirável que nunca tão doutas cacholas, essas e as que antes mencionamos, tenham se interrogado sobre o sentido de o pai analista ouvindo falar a filha paciente de sessões de masturbação, de fantasmas de surra, sem equacionar confissão e confessor. E um e outro, equacionavam? E por que continuaram? Compulsão de repetição? Nunca lhes ocorreu que os fantasmas da filha paciente tinham íntima relação com o pai analista e talvez também provavelmente com seus fantasmas, dele, que fossem simplesmente transferenciais e contratransferenciais? Aparentemente o próprio pai nunca

---

[40] ANDREAS-SALOMÉ, L.; FREUD, A. *A l'ombre du père: Correspondance, 1919-1937*. Tradução de Stéphane Michaud. Paris: Hachette, 2006. p. 258.

pensou no assunto, distraído que estava com suas teorias, dando tratos à bola com o que escutava, escreveu ao amigo de sempre, Ferenczi, no 12 de maio de 1919, fazendo relação entre *O infamiliar* e o *Além do princípio de prazer*, porém sobre ambos e a análise da filha? Nada, nadinha, silêncio sideral. Quantas perguntas, tantas, como saber, como imaginar?

VICTOR TAUSK, PULSÃO DE MORTE

Viktor Tausk, c. 1900

Passemos então a Tausk, que confirma às avessas o que indica Ferenczi. A pulsão de morte pode vir de uma recusa de análise. Haveria tanto a dizer sobre Tausk, tanto. Esse filho renegado de Freud, que não conseguiu adotá-lo, ele, que esteve na origem das especulações de Freud sobre a pulsão de morte. Mas não podemos aqui folhear os calhamaços da história de Tausk e Freud, torná-los álbum. Já vimos a importância que Tausk tem para Freud, que não hesita em pedir a ajuda de Ferenczi para sondar Andreas-Salomé. Nem vamos percorrer folha a folha o *Diário* dela para verificar o que escreve sobre Tausk, apesar de ser a melhor fonte para conhecer quem ela chama de "animal, meu irmão", e que Freud, em carta a Ferenczi de 30 de maio de 1912, considera como "fera malvada" (302-F).

Em 1908, Tausk, formado em Direito, vivendo e exercendo a profissão na Eslováquia, vai a Viena e entra em contato com Freud. Há poucos psiquiatras psicanalistas em seu grupo. Freud convence seus amigos a se cotizarem, a pagarem os estudos de Tausk para que se forme em psiquiatria. Tausk participa das atividades da Sociedade Psicanalítica de Viena, estuda, dá aulas de psicanálise em centros hospitalares.

Em 24 de novembro de 1909, faz sua primeira conferência, sobre a "Teoria do conhecimento e a psicanálise", na Sociedade de Viena; em 10 de maio de 1911, outra, "Uma contribuição à psicologia do masoquismo"; em 18 de outubro, apresenta "Exemplos de problemas que aparecem na psicanálise e que parecem ser problemas da psicanálise"; em 1912, faz mais duas conferências, em 27 de março, sobre "A sexualidade e o Eu", e em 27 de novembro, sobre "Duas contribuições à psicanálise da inibição da produtividade artística". Em 28 de janeiro do ano seguinte, ainda outra, sobre "O conceito de censura"; em 12 de março de 1913, entre conferências sobre neurose e sociedade, fala sobre "O problema do pai". É quando Freud, inquieto, passa bilhetinho a Andreas-Salomé, perguntando: "ele já sabe tudo isso?", e ela, faceira, sentindo vir os ciúmes, responde: "Nada, naturalmente...". Em abril de 1914, Tausk tem notável participação na discussão sobre o complexo de Édipo infantil, também em novembro a partir de conferência de Freud sobre o narcisismo. Freud não aprecia. Em 30 de dezembro ainda, Tausk faz importante "Contribuição a uma exposição psicanalítica da melancolia".

Sobre todas essas conferências algo haveria a ser dito, mostrado, explicado. Todas são muito bem acolhidas, Andreas-Salomé as aprecia, as comenta. Em 1912, 1913, torna-se íntima de Tausk. Com frequência, ele fica em sua casa, escrevendo, escrevendo, seus filhos vêm vê-los, até que ela perceba os ciúmes de Freud.

Tausk se forma em 1914, é de pronto convocado pelo Exército como psiquiatra militar, o que exaspera

Freud. Freud escreve sobre Tausk a seus correspondentes, todos, escreve sobre ele a Jung, a Ferenczi, a Binswanger, Jones, Pfister. Mas, desde 13 de fevereiro de 1913, Andreas-Salomé anota em seu *Diário* que Freud tem ciúmes de Tausk. Em 2 de março de 1913, Tausk faz uma boa conferência sobre "As lembranças infantis", Freud não diz nada. Em 5 de março, faz outra ainda, "Sobre as neuroses obsessivas e o sentido das lacunas". Porém, de tarde e de noite, na Bergasse, com Andreas-Salomé, Freud passa muito tempo querendo falar de Tausk. Nas páginas de seu *Diário* do dia 21 de agosto a 5 de setembro de 1913, ela compreende enfim o caráter insolúvel dos conflitos entre os dois amigos inimigos: Freud o quer como filho, Tausk poderia aceitá-lo, mas precisa também ser original, ter o sentimento de ter sido o primeiro, o que Freud não admite. Tausk vive preso no complexo de ódio ao pai, Freud é prisioneiro do complexo de se apoderar do filho.

No Congresso de Munique, em 8 de setembro de 1913, Freud, Andreas-Salomé e Tausk sentam-se muito próximos. Freud não aguenta de ciúmes, considera-o "inteligente e perigoso, sabendo latir e morder". Entretanto, em seu texto sobre "O inconsciente", todos os exemplos clínicos que menciona, todos, sem exceção, vêm de Tausk.

Em 18 de janeiro de 1918, Tausk apresenta à Sociedade Psicanalítica de Viena seu importante trabalho "Aparelho de influenciar na esquizofrenia". Ou é a rivalidade de Abraham com Tausk, ou são os ciúmes de Freud da intimidade entre Tausk e Andreas-Salomé, o fato é que à certa altura o antigo protetor começa a falar mal de seu antigo protegido, escreve a uns e a outros, sempre com pequena frase a respeito de Tausk.

Em janeiro de 1919, Freud recusa pedido de análise feito por Tausk, orienta-o a Helene Deutsch sem lhe dizer que ela está em análise com ele, Freud. Mas por que orientou? Não poderia ter simplesmente dito a Tausk que procurasse sozinho outro analista em Viena? Que necessidade teria tido mais uma vez de saber o que pensava Tausk?[41] Em março seguinte, Freud orienta Deutsch para interromper a análise de Tausk. Em 3 de julho, Tausk se suicida.

Três dias depois, Freud comunica a Abraham o suicídio de Tausk, de maneira bastante seca, difícil de qualificar: nada mais haveria a retirar de Tausk (357-F). Vemos aqui um Freud bem ingrato. Só ingrato? Em 24 de julho, já em análise com o pai há uns meses, Anna lhe escreve para contar, entre outras coisas, um sonho:

> Na noite anterior à sua saída de Viena, eu tive um sonho absolutamente terrível. Sonhei que a futura esposa do Dr. Tausk tinha alugado o apartamento da Berggasse 20, do outro lado da rua, a fim de atirar em você, e sempre que você queria se aproximar da janela, ela aparecia do outro lado com uma pistola. Fiquei muito, muito assustada, e corri para a janela. Fiquei muito feliz quando soube que você saiu tão cedo, na manhã seguinte, e que tenha escapado dela.

Sabendo da intimidade existente entre Anna e seu pai, podemos deduzir o que ia pela cachola do pai no que diz respeito ao suicídio de Tausk. Em 1º de agosto do mesmo ano, quando escreve à sua amiga Andreas-Salomé comunicando o suicídio de Tausk, Freud conta também que escolheu para

---

[41] Como o assinala ROUSTANG, F. *Um destino tão funesto*. Tradução de Jorge Bastos. São Paulo: Timbre-Taurus, 1987.

seus estudos e trabalhos o tema da morte. Ambos estariam ligados? O *APP*, último legado de Tausk? Senão, vejamos!

> O pobre Tausk, a quem sua amizade distinguiu por algum tempo, cometeu suicídio da maneira mais radical no 3/7. Ele havia voltado desgastado, minado pelos horrores da guerra; havia sido obrigado a tentar se recuperar em Viena com as circunstâncias mais desfavoráveis de uma existência arruinada pela entrada nas tropas; havia tentado trazer uma nova mulher em sua vida, se casaria em oito dias – mas decidiu o contrário. Suas "cartas de despedida" para sua noiva, sua primeira esposa e para mim são todas igualmente ternas, são provas de sua própria clarividência, não culpam ninguém a não ser sua própria inadequação e sua vida fracassada, e assim não dão nenhum esclarecimento sobre seu ato supremo. Em sua carta para mim ele me assegura de sua fidelidade inabalável, me agradece etc. Mas é impossível adivinhar o que aconteceu por trás de tudo isso. [...] Agora escolhi o tema da morte como alimento, mas cheguei a ele tropeçando em uma curiosa ideia sobre as pulsões, e aqui sou obrigado a ler tudo que diz respeito a esta questão, como, pela primeira vez, Schopenhauer.

O que é não é verdade, Freud conhece bem Schopenhauer, cujo nome aparece desde sempre em suas cartas. No final do mês, em 25 de agosto, Andreas-Salomé responde, enfim:

> Suas notícias me surpreenderam. Pobre Tausk! Eu gostava dele. Pensei que o conhecia e ainda assim nunca, jamais teria acreditado na possibilidade de suicídio (para mim, mortes livres bem-sucedidas

– não estou falando de tentativas ou ameaças – são mais um sinal de equilíbrio mental do que o oposto). É claro, não tenho ideia do que ele escolheu – como médico, ele não deve ter tido nenhuma dificuldade em obter veneno. Se escolheu uma arma, imagino que essa morte tenha sido a última satisfação de uma incrível voluptuosidade, ou seja, tanto um ato de violência como sofrê-la. Pois é aí que reside o problema de Tausk, seu perigo, onde também reside seu encanto (*não* psicanalítico, o que nos faz poder chamá-lo de Vândalo de coração terno) [...] Ele conhecia meus escrúpulos (++) em relação a ele, meu medo de que ele passasse obstinadamente sua tese em Viena. Em março, ele pensava ainda vir para Munique, onde eu estava. Não respondi à sua última carta, tanto quanto não respondi às outras, mais antigas, ele teria o direito de me escrever antes do final do ano: "Não sentamos à mesma mesa que um infeliz: você também não o fez…".
Quem sofre de verdade, que é também a verdadeira amada, é nesse caso Jelka, sua irmã. Eu lhe escreveria, se eu soubesse seu endereço em Viena e o nome de seu marido, que me escapa.

Por que Andreas-Salomé levou tanto tempo a responder? Não foi bem essa a carta que recebeu de Freud. Nessa sua carta que mostramos aqui, havia passagem censurada. Foi preciso esperarmos até 1969 para termos sua versão integral,[42] que dizia, antes que Freud escrevesse sobre seu interesse pela morte:

---

[42] ROAZEN, P. *Irmão animal: a história de Freud e Tausk*. Tradução de Samuel Titan Jr. Rio de Janeiro: Imago, 1995. A história de como Roazen descobriu a integralidade das cartas de Freud a Lou Andreas-Salomé, perdidas entre a papelada que Ernest Jones deixou, seria outro capítulo.

Confesso que realmente não sinto falta dele, há muito tempo o considero inútil e até uma ameaça para o futuro. Tive a oportunidade de ver a infraestrutura sobre a qual suas orgulhosas sublimações foram construídas: e eu o teria afastado há muito tempo se você não o tivesse apoiado em minha estima. Claro, eu estava pronto a qualquer momento para fazer o que pudesse por ele, só que eu estava totalmente impotente para deter a deterioração de todas as suas relações em Viena. Eu nunca deixei de reconhecer o valor de seus dons, mas eles não pareciam se transformar em realizações dignas.

Teria se tornado inútil após Freud o ter mencionado tantas vezes em seu texto sobre "O inconsciente", sem contar todas as notas de rodapé em *A interpretação dos sonhos* que integrou seguindo observações de Tausk?

Em todo caso, só depois disso ele começa a escrever a respeito de seu novo interesse pela morte. Tudo se passa então como se, após o suicídio de Tausk, Freud tivesse tido a necessidade de matá-lo pela segunda vez, dando início a certo silêncio que reinou em torno de seu nome durante anos. Realmente, muito haveria a se estudar sobre Tausk.

Talvez tenha sido mesmo Andreas-Salomé que tudo compreende desde sempre, desde aquela quinta-feira de fevereiro de 1913, quando anotou em seu *Diário*, que relemos e podemos agora completar:

Freud é animado pela mais sincera convicção quando toma partido contra Tausk, não há dúvidas sobre isso. Mas além dessa atitude "psicanalítica" (*relativa* à atitude neurótica originária de Tausk), é claro que Freud não tolera a presença a seu lado de um espírito independente – especialmente quando ele é agressivo e cheio de fogo – que o segue e ataca involuntariamente seu egoísmo como pesquisador, portanto mais nobre, o obriga a explicações apressadas etc. O preço que um espírito independente pode ter de pagar pela causa só é revelado no futuro, e isso leva no presente a lutas que são provavelmente inevitáveis. Certamente Freud sente isso como um inconveniente e lamenta profundamente a bela paz que desfrutou em suas pesquisas até 1905 – quando fundou sua primeira "Escola" – e quem não desejaria que ele desfrutasse sempre?

A bela paz até 1905 era o que Freud contava sempre, inventava, muita gente acreditava.

◢ SIGMUND, ANNA, LOU, DOROTHY – II

Conto histórias. Retomo histórias que já contei, confundo um pouco, repito também. Lembro-me de mais fatos, mais acontecimentos, de outras cartas. Repito, crio também. Repetir, recordar, elaborar, confundir se impõem quando há criação. São consequências das surpresas que me causaram quando as revi, tudo isso, o que fazer? São os movimentos pendulares, circulares, do Bolero de Ravel que animam meu escrito, *fort-da, dada*. São histórias surpreendentes para os analistas que nos tornamos um século mais tarde. Retomo agora as histórias de três mulheres: Anna Freud, Lou Andreas-Salomé, Dorothy Burlingham. Elas se referem a Freud como um pai comum, *gemeinsamen Vater*, o que as torna irmãs. Voltaremos a isso.

Quanto haveria a dizer sobre Anna Freud! Tanta e tanta coisa foi escrita sobre ela! Reencarnava a irmã de Freud que se casou e foi embora para a América; seu nome foi homenagem a uma paciente do pai. Seu nome era sinônimo de psicanálise, de metapsicologia, do que mais?[43] Aqui e agora retomaremos sua história bem avançada, no final de 1918, no início da análise com seu pai, como vimos. Ah, que uma menina faça análise com o pai é algo que nos parece estranho. Do lado de Anna, conhecemos suas razões para querer análise com o pai graças à publicação de sua dissertação de admissão à Sociedade Psicanalítica de Viena, "Fantasmas de surra e devaneios". Também por suas cartas a Eitingon, nas quais escreve longamente sobre seu desejo de ser psicanalista, talvez em Berlim, para se afastar de seu pai, quem sabe?

Em sua dissertação, a eminente analista em formação expõe o caso de menina que ela tinha em análise, que sofria de masturbação compulsiva acompanhada de fantasmas de surra. Ela se viu espancada e humilhada, até o orgasmo. Pouco a pouco, no decorrer de sua análise, esses fantasmas *hardcore* se transformam em "belas histórias", em que jovem pajem serve a conde poderoso. Ou seja, contos de amor, histórias *fleur-bleu*, nos quais a ideia de humilhação ainda persiste, ou mesmo em que os fantasmas *hardcore* a qualquer momento reaparecem. O conde muda de ideia. De qualquer forma, *fleur-bleu* ou *hardcore*, o resultado é o mesmo: a retomada da masturbação até o orgasmo. Quem a ouvia sabia quem era a jovem paciente. Assim – o que não foi notado, no entanto –, os fantasmas de surra tornaram-se "belas histórias", e estas, por sua vez, tornaram-se histórias de casos, teses, teorias psicanalíticas. Seu pai também sabia

---

[43] BLUM, H. The Irma Dream, Self-Analysis, and Self-Supervision. *Journal of the American Psychoanalytic Association*, v. 44, p. 511-532, April 1, 1996.

de tudo isso, pois, durante alguns anos, entre 1918 e 1922, ele ouvira a filha contar as mesmas histórias, seis vezes por semana, uma hora por sessão. Menos notado é o fato de que, nessa história, Anna se identifica com o pai analista, que sem dúvida se identifica com a filha paciente. Graças à transferência e à contratransferência, pai e filha se tornam um só. *Annafreud, Siganna*.

Além disso, Anna é eleita psicanalista, a "solução viril", da qual já havíamos falado. Ela é admitida à Sociedade de Viena na mesma noite em que Andreas-Salomé, confidente de Freud durante a análise da filha. Andreas-Salomé conheceu Freud em 1911. Foram amigos até 1938. Em 1922, ano em que termina a análise da filha, Freud escreve também, entre outros, "Alguns mecanismos neuróticos no ciúme, na paranoia e na homossexualidade". A análise da filha pelo pai não resolveu o problema da masturbação da menina, que reaparecerá sempre e sempre, mas evidenciou o problema do ciúme: a filha tem muito ciúme do pai, a analisanda de seu analista, ela já o tinha das irmãs, agora é quase pior com as demais pacientes do pai. Que teoriza e teoriza. Diga-se de passagem: esse escrito, o dos mecanismos neuróticos no ciúme etc., é o único que mais tarde o psicanalista francês Lacan faz questão de traduzir pessoalmente. Ainda em 1922, Freud, sentindo os impasses na cura de sua filha, oferece-lhe amizade feminina, mulher de experiência, capaz de trocar com ela sobre certos pontos delicados da vida de toda jovem, ou por outras razões, que ela retome a análise da filha, por exemplo, quem sabe? Convida a antiga amiga para a Berggasse, onde ela permanece por duas ou três semanas. Anna já ia para seus 27 anos. O fato é que, de agora em diante, e por um tempo, elas se tornam amigas íntimas. Anna foi para sua casa passar férias. Elas fazem análise mútua;

basta ler as cartas trocadas entre elas ou as cartas que cada uma troca com seu pai comum, o *gemeinsamen Vater*. Ou as cartas de Anna para Eva Rosenfeld ou Max Eitingon. Entre Anna e Lou, uma fala, a outra escuta com atenção, às vezes uma, às vezes a outra. Ambas eram amigas íntimas de Ferenczi, tinham ouvido suas histórias sobre análise mútua, invenção de Freud, que a incentivou até 1909. No convés do navio que os levava às Américas, Freud, Jung, Ferenczi, analisavam seus sonhos em análise mútua, até que Freud se recusou a continuar com a brincadeira que ele próprio tinha inventando. Jung não gostou. Essa foi uma das razões para que rompesse com Freud. Dá para entender.

Quanto a Andreas-Salomé, ela descreve em seu *Diário* uma noite com Ferenczi, em 1913, em que os dois se divertiam muito com a "tendência para a morte", primeiríssima versão da pulsão de morte. Ela contou essa passagem a Freud sete anos depois, em 1920, quando comentou sobre o *Além do princípio de prazer*, escrito por ele no meio da análise de Anna.

Anna volta da casa de Andreas-Salomé, com quem falou sobre os mesmos problemas que discute com o pai, sem resolvê-los. Tantas palavras, tantas análises, os fantasmas falam mais alto, a masturbação também. Aos 29 anos, Anna ainda se masturba. Ninguém parece notar, nem o pai, nem a filha, nem a amiga; nessa análise da filha pelo pai, do pai com a filha, a transferência, a contratransferência não desempenham nenhum papel? É jovem paciente falando com analista, seu pai, sobre seus fantasmas de submissão e sua feroz masturbação. E esse pai, neutro, impávido, a ouve?

Uma segunda análise de Anna termina no início de 1925, em meados dos Anos Loucos. Em 1º de maio de 1925,

Dorothy Burlingham deixa os Estados Unidos "por alguns meses"; é o que diz ao marido. Amiga íntima de Izette de Forest,[44] que parte para Budapeste para uma análise com Ferenczi, Dorothy a segue, procurando uma análise para seu filho mais velho, Robert Jr., que sofre de asma e doenças de pele que já se dizia serem psicossomáticas. Lembremos que Dorothy viaja com "Bob", "Mabbie", "Mikey" e "Tinky". Nenhum deles era chamado pelo nome. De maneira muito norte-americana, cada um tinha seu apelido. Os "Quatro", como vimos que seu avô gostava de chamá-los, tinham o apelido de um só – *Bomatimi*.

Dorothy Burlingham é uma Tiffany, seu nome completo é Dorothy Tiffany Burlingham. Tiffany dos diamantes, dos vitrais, dos brincos, dos abajures e mais além. Dorothy é herdeira de tudo isso. Ela quer se afastar de seu marido, Robert Burlingham, propenso a episódios maníaco-depressivos, afetando o filho. Como já vimos, viaja para Viena e encontra Anna Freud, a quem traz esse filho. Anna concorda em ver o jovem para análise, à razão de cinco ou seis sessões por semana. Dorothy, então, muda-se para Viena. Ela e os filhos ocupam quartos na casa de Eva Rosenfeld, outra paciente de Freud, amiga da família. Em breve, a irmã de Bob, "Mabbie", também começa análise com Anna.

Conhecemos essas análises por várias fontes. Por exemplo, em 18 de junho de 1926, Freud escreveu a Eitingon: "Chegamos aqui ontem. Pintassilgos e melros cantam às janelas. Não terei nada para fazer por pelo

---

[44] Cf. PRADO DE OLIVEIRA, L. E. *L'invention de la psychanalyse: Freud, Rank, Ferenczi*. Paris: Campagne Première, 2014, onde trato das análises das pacientes de Ferenczi.

menos três semanas, em seguida muito poucas coisas, mal sei como usarei minha liberdade. A tarefa de Anna é mais fácil, suas crianças estão instaladas na vila ao lado, recomeça hoje a tratá-las".

"Suas crianças" são os quatro Burlingham. Mas são "seus pacientes" ou já são "suas crianças"? Anna leva seus pacientes de férias? Naquela época, Dorothy ainda estava em análise com Theodor Reik. Anna, a analista das quatro crianças, tomou esta precaução: se as crianças estão em análise, é melhor que a mãe também o esteja. Mas o trabalho de Dorothy com Reik vai mal. Quando ele parte para Berlim, a análise acaba. Dorothy começa outra com Freud cinco ou seis vezes por semana.

Enquanto isso, para discutir os casos das quatro crianças, Anna conversa longamente com Dorothy caminhando pelas florestas e bosques de Viena, sobre longos tapetes de folhas de outono. Dorothy tem um Ford-T, para que possam fugir da capital, refugiando-se do barulho, das multidões, procurando abrigo em recantos idílicos. Logo ela também leva *Herr Professor* para passeios, apesar de ele ser seu analista, ou, quem sabe, por isso mesmo?

Anna percebe a delicadeza da situação. Escolhe Eitingon como seu interlocutor, ou supervisor, seja o que for. Suas cartas para ele são segunda fonte para conhecermos o complicado relacionamento de Anna com a família Burlingham. Por exemplo, Anna escreve para Max sobre dois pacientes, "Bob" e "Mabbie": "Às vezes acho que não só quero curá-los, mas também tê-los como meus ou ter algo deles como meu. Temporariamente, é claro, esse desejo me ajuda no meu trabalho, mas em algum momento ele realmente vai atrapalhar, então eu geralmente só posso chamar essa necessidade de 'estúpida'".

Após essa confissão inicial, Anna continua: "No que diz respeito à mãe das crianças, as coisas não são muito diferentes".

Sua confissão termina assim: "Estranhamente, porém, tenho muita vergonha de tudo isso, especialmente na frente do papai, por isso nunca falo com ele sobre isso. Esse é apenas um pequeno exemplo, mas na realidade eu sinto essa dependência [*Abhängigkeit*], esse desejo de ter algo [*Etwas-Haben-Wollen*] – mesmo se eu deixar minha vida profissional de lado – em cada canto da minha vida".

Young-Bruehl conclui dizendo que Anna estava expondo os limites de sua análise com seu pai. Pode ser. Ela não diz, mas podemos deduzir, que eram também os limites do próprio Freud. Então temos quarta, quinta, várias histórias entrelaçadas: a história de Anna e Dorothy, as histórias de cada criança, suas histórias comuns.

Anna analisa, além de seu próprio sobrinho órfão, Ernst, filho de Sophie, os quatro filhos de Dorothy, estando a mãe das crianças em análise com seu pai. Tudo isso cheira um pouco a mofo, é um mundo bem fechado. E vai fechar ainda mais, porém com muita alegria.

Anna e Dorothy tornam-se amigas.[45] Nos fins de semana, Dorothy leva todos a passeio. Ela compra um segundo Ford-T, onde vão as cinco crianças e a babá. *Herr Professor* Freud, analista e amigo, Anna também vêm em seu próprio

---

[45] A seguir, tudo que se refere a esse casal ou às crianças virá da biografia de Anna Freud estabelecida por Young-Bruehl já mencionada e de BURLINGHAM. M. J. *The last Tiffany: biography of Dorothy Tiffany Burlingham*. New York: Atheneum New York, 1989. Outra fonte suplementar é a correspondência trocada entre as duas amigas Lou e Anna: ANDREAS-SALOMÉ, L.; FREUD, A. *A l'ombre du père: Correspondance, 1919-1937*. Tradução de Stephane Michaud. Paris: Hachette, 2006

Ford-T. Juntos, passeiam pelas florestas e pelos bosques de Viena, colhendo cogumelos. Tudo anda tão rápido nesses anos 1920, tão rápido, que às vezes é difícil acompanhar.

Tão rápido, tão rápido. Logo, apesar de sua análise com Sig papai, ou por causa dela, quem sabe, Dorothy se deita em seu sofá durante o dia, à noite na cama ao lado de sua filha, a analista de seus filhos. São os Anos Loucos, *Années Folles*.

À Dorothy e Anna se junta Eva Rosenfeld. Juntas elas criam a Escola Hietzing ou Matchbox School, de acordo com W. Ernest Freud, "escola de sonho para crianças que vivem em mundo de sonho",[46] precursor do Summerhill, onde as crianças são livres para aprender como e quando quiserem, sendo o principal despertar sua curiosidade. Logo, todos eles formam uma grande família. Em 11 de janeiro de 1929, Freud escreve a seu amigo Binswanger: "Nossos laços simbióticos com uma família americana (sem marido), cujas crianças são acompanhadas em análise por minha filha com mão firme, tornam-se cada vez mais fortes".

Quando, em 1929, Ferenczi publica "A criança mal acolhida e sua pulsão de morte", como falamos, além de pensar em si mesmo, claro, pensa também em Anna Freud e seus pacientes, pensa nas crianças de Burlingham, como saber?

Ainda em 1929, Anna está novamente em análise com o pai; isso é o que ela escreve a Eva Rosenfeld em 30 de setembro do mesmo ano. E novamente em 15 de julho de 1930 – "Suponho que terei quatro sessões por dia em

---

[46] BENVENISTE, D. *The Interwoven Lives of Sigmund, Anna and W. Ernest Freud: Three Generations of Psychoanalysis*. New York: International Psychoanalytical Books, 2015.

Grundlsee. Isso é inevitável após essa longa interrupção involuntária". Na época, Freud analisa ao mesmo tempo a filha e sua amiga mais que íntima, Dorothy.

Enquanto isso, as análises de "Bob", "Mabbie", "Mikey", "Tinky" e Ernst continuam. Da mãe deles também. Elas não terminam nunca. Resta saber se essas relações simbióticas foram igualmente bem-sucedidas, se suas análises também se beneficiaram com elas. Bem, nem tanto assim. Na época, todos estavam muito felizes, todos festejavam. Mas, e depois? Resumindo: foi um desastre.

É fácil acompanhar a análise dessas crianças: muitas de suas sessões são narradas no livro de Anna Freud. Seu diagnóstico de "Bob" é o seguinte: "Era um menino de 10 anos, aflito com uma mistura confusa de medos, nervosismo, mentiras e práticas infantis perversas".[47]

"Bob" havia iniciado a análise devido a problemas psicossomáticos, mas logo sua analista detectou problema de identificação de gênero. Para protegê-lo de sua identidade feminina passiva, ela o enviou para internato, bem no meio dos meninos, para ter alguém com quem se identificar, pensou ela, sem nunca considerar o contrário, ou seja, que no meio de tantos meninos ele pudesse tornar-se homossexual. Em todo caso, "Bob" torna-se muito agressivo, atacando os outros, e também a si mesmo, frequentemente se colocando em perigo, fumando demais, bebendo.

Sua análise nunca terminou, nem a dos outros três. Toda vez que Anna Freud os encontrava, reservava tempo para suas sessões. É difícil imaginar o que se entende por análise, essa persistência, essa insistência, essa confusão

---

[47] FREUD, A. *O tratamento psicanalítico de crianças*. Tradução de Marco Aurélio de Moura Mattos. Rio de Janeiro: Imago, 1971. p. 27-30

entre análise e vida familiar, porque sua analista era também a companheira de sua mãe. O lema comum para eles, para todos eles, incluindo *Herr Professor*, era "análise, amor, trabalho são as chaves da felicidade". Não sobrava tempo para viver a vida. O número de experiências que cada um sacrificou, viagens, amizades, amores, para manter esse lema e permanecer em análise é impressionante.

Quando "Bob" se casa e tem problemas com sua esposa, sua analista interpreta sempre da mesma maneira: são seus problemas de identificação sexual, é um homem que ele procura nela, daí sua insatisfação. Anna Freud poderia ter proposto outra abordagem, levando em conta transferência e contratransferência, explicando ao paciente que sua excessiva dependência em relação a ela, Anna, o impedia de formar outras relações. "Bob" não sabia mais o que queria, perdia-se. Tanto que, cada vez mais, fuma e bebe, tem um ataque cardíaco, morre. Todos consideram como suicídio disfarçado.

Ao contrário de "Bob", "Mabbie" reconhecia seus problemas. Anna Freud conta: "Ela me diz diretamente: Tenho um demônio em mim. Podemos tirá-lo?". Sua análise progrediu rapidamente. "Mabbie" conta sonhos e fantasmas muito longos.[48] Outra fonte importante para a análise de "Mabbie" são as muitas cartas que escreve para a mãe, narrando os problemas que tinha, a surdez, a cegueira de seu entorno. Obviamente, "Mabbie" não podia contar tudo nem à mãe nem à analista. Mesmo continuando a análise com Anna, sua vida prolongou essas confusões. Ela tentou outra analista, Marianne Kris, mas sua dependência de Anna era grande. Suas últimas cartas para a mãe são muito tristes. A morte suicida de seu irmão, "Bob", teve

---

[48] FREUD. *O tratamento psicanalítico de crianças*, p. 23-25

forte impacto sobre ela. "Mabbie", algum tempo depois, suicidou-se também, tomou comprimidos para dormir em sua casa em 20 Maresfield Gardens, onde morava com sua mãe, Dorothy, e Anna Freud. Alguns dizem que morreu em seu quarto, em sua cama, outros afirmam que foi na cama da mãe. No dia seguinte à sua morte, amigos ficaram surpresos ao ver Dorothy indo trabalhar, pois tinha sessão com uma menininha. Em todo caso, os netos de Dorothy, os netos de Anna, ficaram muito zangados com ela, com Anna, denunciaram sua falsa felicidade.

Dito isso, o casal formado pelas duas amigas nunca se abalou, nem com os problemas dos filhos nem com a morte deles. A simbiose evocada por seu pai comum, o *gemeinsamen Vater*, tendo sido a dele próprio desde sempre, foi herdada de quem? Certamente transmitida à filha, ficou sendo delas também. Entre elas e com as cinco crianças, os laços também eram simbióticos, com tudo o que isso implica em termos de dificuldades de separação, conflitos, ressentimentos, confusão, regressão, desde sempre para os Freud, para as famílias e para o movimento que o fundador criou.

Para Eva Rosenfeld, o casal Anna e Dorothy reproduziu a "fortaleza inexpugnável" constituída pela dupla Martha e Minna.

Para W. Ernest Freud, Dorothy foi a reencarnação de Sophie. Sabendo que o relacionamento de Anna com sua irmã morta era muito complicado, o dela com Dorothy também o seria? Ou exatamente o contrário?

Michael John Burlingham, neto de Dorothy, sobrinho-neto de Anna, como saber, caracteriza esse casal usando a palavra *Doppelgänger*, dupla, bando de duas? Como traduzir? Como saber, como traduzir, como explicar tudo isso, começando pela paixão de Freud pelas filhas, sua vontade de guardá-las com ele, sobretudo Anna, com quem conseguiu, ela, de quem ele precisava tanto quanto de seu charuto?[49]

Como evocar a vida erótica de Anna Freud? Peter Heller, seu antigo paciente, depois da análise seu amigo íntimo, afirma que ela não gostava de beijar ou ser beijada e que não há provas de sua atração por nada erótico ou sexual. Eduard Hitschmann salienta que onde o pai havia indicado o trabalho das pulsões, sua filha estabeleceu o trabalho das defesas e da sublimação. Young-Bruehl, por sua vez, ao estudar o lugar da mãe para Anna Freud, mostra o impacto da análise de Anna na elaboração teórica de Freud sobre a feminilidade e as mulheres em geral, mas também sobre o masoquismo. Não devemos esquecer o papel da masturbação compulsiva na vida erótica de Anna Freud.

Dorothy morreu em novembro de 1979, Anna, em outubro de 1982, três anos mais tarde. Em seus funerais, ambos, de acordo com seus desejos, a mesma música lenta foi tocada, "Adeus", da *Canção da Terra*, de Gustav Mahler, cujas últimas quatro linhas dizem:

> Meu coração está em paz e espera por seu tempo!
> Por toda parte a terra amada floresce novamente na primavera
> E reverdeia! Em todos os lugares e sempre um brilho azulado no horizonte.
> Sempre… sempre… sempre… sempre… sempre…

Tal era o amor delas, imersas no mesmo lusco-fusco. Assim terminou, tendo passado por exílios, guerra, tantas coisas, depois de ter nascido no meio dos Anos Loucos.

---

[49] Cf. Carta de Freud a Lou Andreas-Salomé, em 2 de abril de 1919. In: FREUD, S.; ANDREAS-SALOMÉ, L. *Correspondência completa*, p. 122.

Tendo trabalhado com Michael John sobre uma possível tradução de seu livro, perguntei-lhe: "E todas essas análises, eram pagas?". Ao que respondeu: "O que o faz pensar que poderiam não ser?". Pouco mais tarde, tendo trabalhado com Young-Bruehl, como questão de consciência, repeti a mesma pergunta, ouvi a mesma resposta. De qualquer forma, Anna Freud afirma em seu livro sobre o tratamento psicanalítico de crianças que todo tratamento é pago. Assim é a vida, assim é a psicanálise.

Podemos então relembrar. Chegando ao final deste relato de vislumbres de histórias maiores, de repente percebo os problemas envolvidos no fantasma do "pai comum, *gemeinsamen Vater*", sem dúvida encorajado pelo próprio Freud. Já havia o problema de que, com esse fantasma, Anna e Dorothy tornavam-se irmãs, o que dava uma dimensão incestuosa ao casal, tanto mais que W. Ernest Freud considerava Dorothy a reencarnação de Sophie. A extensão do problema apresentado por essa configuração nos escapa aqui. A relação entre Sophie e Anna era muito complicada. Viviam em conflito feroz. Após a morte de Sophie, Anna quer adotar seu filho. De certa forma, substituir sua irmã. Repetimos a pergunta: por que não se casou com Max, agora viúvo?

Muitos outros problemas surgem. As verdadeiras filhas de Freud eram Mathilde, Sophie e Anna. A correspondência entre Freud e seus filhos mostra a enorme dificuldade que tinham em se separar. Talvez através de seus filhos Freud recriasse sua família original, de sua infância. Suas irmãs eram Anna, Regina-Debora, "Rosa", Marya, "Maria" ou "Mitzi", Esther Adolphine, "Dolfi", Pauline Régine, "Pauli", e seu irmão, Alexander, todos sob a férula da terrível Amalia, de quem o *Sig em ouro* era o preferido.

Notavelmente, Freud tenta evitar o máximo possível o distanciamento de suas filhas, tanto quanto suas irmãs nunca se separaram da mãe. A "família simbiótica" sobre a qual escreve para Binswanger já existia desde sempre. Todas essas famílias eram simbióticas. Estudá-las, mostrar como uma simbiose substitui a outra, as dificuldades da separação, especialmente entre Freud e sua filha Sophie, as dificuldades trazidas à observação do *fort-da* e à elaboração do *Além do princípio de prazer* seria outro trabalho.

Análise, psicanálise foram nomes de um sonho. O sonho de explicar sonhos, de ligar memórias de infância, sonhos, desejos, e com isso resolver sintomas, ou pelo menos aliviá-los. Muito em breve este sonho se deparou com realidades. Olga Hönig, a futura mãe do "pequeno Hans", recusou-se a mudar. Freud não hesitou em apresentá-la a seu amigo, Max Graf. A confusão entre a psicanálise e a vida comum quase sempre esteve presente. Com a "família simbiótica", análise, psicanálise tornam-se o nome de algo mais. Não apenas do sonho inicial, mas também do medo da solidão, da morte. *Siganna*, *Annafreud* asseguram-se mutuamente que jamais se afastarão. É mais que uma simbiose, mais que amor pai-filha, filha-pai, mais até que amor humano. Graças ao pai, a filha aparece no palco das instituições psicanalíticas como grande teórica. Através da filha, o nome do pai se eterniza. Trilhando o caminho, as palavras "análise", "psicanálise" mudaram seu significado ou recuperaram seus traços mais antigos, quando se confundiam com a vida comum. Psicanálise foi um sonho, virou empresa, multinacional, ciência, ideologia, religião, além do princípio de prazer inicial, muito além.

A vida continua, mais cedo, mais tarde, outros tempos virão.

◢ PULSÃO DE MORTE – SPIELREIN – ATAS[50]

Que saibamos, desde 1910 se esboça o que será o *Além*, a pulsão de morte. Em 2 de novembro, Stekel, um dos primeiros psicanalistas, que deu a ideia a Freud de organizar a Sociedade Psicológica das Quartas-Feiras, faz conferência sobre "Escolha de profissão e neurose", na qual trata amplamente da presença da morte na neurose. Em 29 de novembro, Sabina Spielrein retoma o tema em palestra intitulada "Da transformação", parte de seu trabalho fundador, *Da destruição como causa do porvir*. Spielrein tem apenas 26 anos, vida movimentada, de origem russa, hospitalizada aos 18 anos como psicótica no Burghölzli, a clínica psiquiátrica universitária de Zurique, cujo médico-chefe é Eugen Bleuler, com Carl-Gustav Jung como seu assistente, ambos tendo acolhido os mais eminentes jovens psicanalistas, antes que fossem ter com Freud. Spielrein torna-se amante de seu psiquiatra e psicanalista, Jung, separa-se, estuda medicina, escreve sua tese, começa análise com Freud.[51] A palestra de Spielrein é baseada em sua experiência de ter atravessado loucura, descoberta, paixão, cura, psicanálise. Na conferência, sustenta que o "instinto de morte está embutido na pulsão sexual".[52]

---

[50] Em colaboração com Marta Raquel Colabone, originalmente publicado na *Revista Brasileira de Psicanálise*, v. 54, n. 1, 2020, com o título "Além do princípio do prazer", aqui remodelado.

[51] SPIELREIN, S. *Entre Freud et Jung*. Paris: Aubier-Montaigne, 1981.

[52] Reunião do dia 29 de novembro de 1911. In: MINUTES of the Vienna Psychoanalytic Society. Edited by Herman Nunberg and Ernst Federn. New York: International University Press, 1967. , p. 319-325. v. III. Para uma história das publicações das atas, ver nota 6.

Assim podemos dizer que certamente Spielrein é uma das fontes da noção de pulsão de morte, que revela, assim, seu caráter sobredeterminado. Não é apenas a autora do trabalho que assina, mas também tudo que ela evoca, sobretudo a confusão entre as posições de analisanda e amante.

Além disso, lembremos as páginas do *Diário* de Lou Andreas-Salomé, que passou dias com Ferenczi. Ficaram amigos. Em 7-9 de abril de 1913, ela escreve sobre conversas que têm.

COM FERENCZI

Trabalhei com Ferenczi, que por essa razão estendeu sua estadia em Munique, já de manhã cedo, em parte em nossa casa [*Gebsattel*], em parte na dele. Seu trabalho o preocupa por motivos bastante opostos aos de Tausk; sendo do tipo filosófico (sintético), não se contrapõe aos de Freud, embora, e precisamente por causa disso, não seja muito bem visto por Freud (que escreveu brevemente em suas notas diárias: "Mais uma vez passei a noite *filosofando*; fui naturalmente levado por Ferenczi"). Em sua infância, Ferenczi sofreu com o fato de que seus esforços não foram suficientemente reconhecidos, isso o perturbou em seu zelo: e agora essas obras, que são em resumo suas próprias e contêm sua experiência mais altamente espiritual, até certo ponto acompanham secretamente suas publicações etc., não são "reconhecidas". É curioso ver como, mesmo durante seu trabalho, ele tenta fugir delas – embora esteja apaixonadamente determinado a segui-las. No fundo, nossas concepções são tão opostas que quase conseguem se unir. Tudo o que Ferenczi chama dentro de suas concepções "tendência de morte" pode muito bem ser chamado de "tendência da vida", sem mudar nada, exceto o ponto de vista pessoal. Para o que se pensa estar presente por trás das únicas estruturas vitais conhecidas por nós, podemos tão facilmente imaginar que sejam a "quintessência da vida" quanto o "repouso absoluto" – do qual apenas o primeiro "impulso para o movimento" permaneceria desconhecido; tudo o que resta são palavras e estados de espírito que apenas expressam como nós, as pessoas vivas, valorizamos nossas vidas. Ferenczi, que, entre outras coisas, gostaria de compreender vários fatos biológicos através do psíquico (enquanto até agora tem sido o procedimento contrário que tem sido utilizado), toma o modelo de explicação física universal como sua concepção: como um objetivo, compensação, descanso universal etc. (embora neste ponto mesmo as próprias ciências naturais comecem a ficar muito abaladas, achando que todas estas hipóteses permanecem válidas apenas para um sistema de espaço fechado). Essa tendência já estava claramente expressa no ensaio de Ferenczi sobre "Os estágios de desenvolvimento do sentido da realidade"; partindo do estado original da criança no seio materno, como o estado de prazer de um descanso sem desejo, que a urgência da vida transforma em vitalidade indesejada (muito próxima da representação de Freud). Mas já deve ser dito sobre esse ponto que não há absolutamente nenhuma maneira de encontrar nessa *identidade* com o seio materno um estado de prazer de um descanso sem desejos, que seria o da criança e se separaria da atividade desse seio materno; pelo contrário, ambos formam uma realidade na qual, devido a uma quantidade de atividades completas de vida, nunca poderia haver de alguma forma um estado de prazer ou desejo – como é criado mais tarde em nós, quando somos confrontados com o mundo externo. O que *nós* chamamos "alma" pressupõe essa distância em suas manifestações; mas se essa distância se torna particularmente grande, nossa singularidade é perturbada dentro de nós mesmos, e desejamos um "descanso absoluto" para remover essa perturbação, em vez de essa identidade viva continuar a *"pulsar dentro de nós, através de todas as articulações, entre o interior e o exterior"*. Não podemos rejeitar completamente a ideia de que nessa mesma tendência "de morte" e mesmo de "descanso" – cuja natureza inata Freud vê como a verdadeira natureza de cada ser vivo, e à qual, só com relutância, ele deixa perturbar – reside uma neurótica apreciação da vida. A versão exatamente oposta também é bem justificada: tudo o que foi dividido e entrou no curso da existência é parte do impulso vital original que o realiza no ser e do qual nunca deixa de ressurgir, sempre.

A maneira como as duas possíveis representações relativas à sexualidade se sobrepõem é quase divertida: somente aqui existe a tendência de retornar à identidade indiferenciada e, de certa forma, à "morte por amor" – mas é precisamente aqui também que o resultado inesperado é bastante multiplicador, fecundidade, vida. Daí o paradoxo de que os pregadores da morte são em sua maioria antissexuais, pregando a abstinência e, de fato, desatando a pulsão e o desejo perturbado que tanto queriam "morrer" por si mesmos. Mas em praticamente todos os campos, Freud deduz outras consequências necessárias para a vida: qualquer desajuste à realidade é para ele o maior dos erros, porque, dessa forma, não se pode colher nada da realidade, permanece preso a ela, abandonado ao mesmo tempo ao conhecimento (isto é exatamente chamado – "estar resignado") e tendo assim a possibilidade de ser *relativamente* feliz.

N.B. A oscilação entre a tendência da morte e a necessidade da vida é semelhante à impressão de unicidade, ou, pela rapidez da oscilação, ao contínuo devir da unicidade.

Andreas-Salomé acha "divertida" a maneira como a "tendência à vida e a tendência à morte" se sobrepõem. Ela escreve tudo isso para Freud, comentando seu artigo sobre o *Além*, e o lembra da conversa que tiveram, das cartas que trocaram sobre Ferenczi. Seu amigo de Viena não evoca com ela o trabalho secreto que realiza com Ferenczi, o Projeto Lamarck, do qual o *Além* faz parte.

A pulsão de morte adquire relevo em ata esquecida da Sociedade Psicanalítica de Viena. Em 1982, Richard Francis Sterba (Viena, 1898 – Michigan, 1989) publicava seu livro com transcrições de outras atas daquela Sociedade.[53] Seu terceiro capítulo tem como título "As reuniões da Sociedade Psicanalítica de Viena", e nele o autor apresenta uma visão de conjunto dessas reuniões, evocando contribuições, conferencistas, debates. No quinto capítulo, "Freud *himself*", o autor transcreve intervenções, falas daquele que todos chamam com carinho de *Herr Professor*.[54] Sterba lembra sua alegria quando, no começo

---

[53] STERBA, R. F. *Reminiscences of a Viennese Psychoanalyst*. Detroit, MI: Wayne State University Press, 1982.

[54] Sterba lembra que parte importante desse artigo já tinha sido publicada em 1978: "Discussions of Sigmund Freud". *Psychoanalytic*

do inverno de 1926, Paul Federn comunicou a todos que Freud se sentia bem o suficiente para retomar reuniões com número limitado de pessoas, 12 não mais, em sua casa na Berggasse 19.

> Para um psicanalista, era algo de único ouvir Freud falar dos diversos aspectos da ciência que ele havia criado e à qual havíamos consagrado nossas vidas. Por essa razão, eu quis guardar tudo que pudesse do que ele tinha a nos dizer. Para tanto, nada melhor senão anotar por escrito tudo que ele dizia, mas Federn nos disse que o Professor desaprovava que se tomassem notas durante as reuniões. Decidi, entretanto, desobedecer, anotar, escondido, tudo que pudesse de maneira a reconstituir mais tarde os propósitos de Freud. E eu só podia fazê-lo sentando-me no fundo, onde nem o Professor nem Federn pudessem me ver; o que só foi possível durante algumas das 10 reuniões, mais ou menos, das quais participei.[55]

Com precauções, após haver lido as atas redigidas por Rank entre 1906 e 1910, Sterba as compara às que ele próprio redige. Naquelas, segundo ele, Freud intervinha como chefe de movimento, enfrentando graves hostilidades, devendo lutar para ser reconhecido. Devia então pesar cada palavra. Nas reuniões atuais, a situação mudara completamente. Aquelas eram formais, estas são informais. A psicanálise se afirmara entretempo. Freud

---

Quarterly, v. 47, p. 173-191. Quanto a *Herr Professor*, vindo de sua nomeação como *Privatdozent*, cumpre lembrar que Freud nunca foi admitido ao magistério profissional. *Privatdozent* corresponde a um título de professor particular atuando na universidade.

[55] STERBA. *Reminiscences of a Viennese Psychoanalyst*, p. 91.

se mostrava mais confiante, cercado de discípulos fiéis a *der Sacher*, à causa. Tudo isso lhe permitia improvisar livremente, apimentando suas considerações teóricas com anedotas ou brincadeiras de grande liberdade, sem se preocupar com responsabilidades científicas. Sterba sabe, por carta publicada por Edoardo Weiss, que Freud desautorizava a publicação de notas dos propósitos que tivera então.[56] Entretanto, Sterba insiste sobre o caráter fidedigno de suas notas, testemunhas de sua desobediência, pedindo ao leitor que leve em consideração as transformações no estilo de Freud entre as primeiras atas e estas, atuais. ●

---

[56] WEISS, E. *Sigmund Freud as a Consultant: Recollections of a Pioneer in Psychoanalysis*. New York: Intercontinental Medical Book Corp, 1970.

INTERLÚDIO II

REUNIÃO DA SOCIEDADE PSICANALÍTICA DE VIENA – 20 DE MARÇO DE 1930[1]

Richard F. Sterba
Tradução de Luiz Eduardo Prado de Oliveira

O tema do encontro foi o livro de Freud *O mal-estar na cultura* (1929-1930). Não me lembro de quem o apresentou. Freud falou logo depois do orador, o que não era comum, tendo sido muito crítico em relação a seu próprio trabalho. Falou do diletantismo na elaboração do livro, dizendo que uma superestrutura fina tinha sido construída sobre fundação particularmente larga e difusa. Comparou seu trabalho com o Troféu de Adamclisi,[2] erguido em 107 d.C. para Trajano, perto do Mar Negro, na atual Romênia, para comemorar suas vitórias sobre os dácios. Esse monumento foi o maior e mais famoso da Antiguidade. Hoje, sobram

---

[1] Texto originalmente puplicado em: PRADO, L. E.; COLABONE, M. R. Para situar a pulsão de morte: ata esquecida da Sociedade Psicanalítica de Viena. *Revista Brasileira de Psicanálise,* v. 54, n. 1, p. 201-210, 2020.

[2] O imperador romano Trajano, em disputa pelo território da Dácia (atual Romênia), guerreou contra o líder dácio Decébalo em dois momentos: em 101 e 106 d.C. Vitorioso, coube a Trajano ser honrado com o *Tropaeum* Traiani (Troféu de Trajano), construído no Civitas Tropaensium, atual Adamclisi. [Todas as notas deste texto são de Luiz Eduardo Prado de Oliveira e Marta Raquel Colabone.]

apenas grande pilha de pedras de mármore, fragmentos de estátuas e de arquitetura. No entanto, reconstruções arqueológicas mostram que o monumento tinha fundações muito largas e rústicas, de diâmetro de 45 metros, sobre as quais havia estrutura arquitetônica relativamente pequena, bastante sofisticada, com incrível profusão de estátuas de mármore celebrando façanhas do imperador no campo de batalha. Os excelentes estudos clássicos de Freud sempre lhe permitiram tirar partido de seus conhecimentos da Antiguidade para dar exemplos e analogias esclarecedoras, o que adorava fazer.

Comparando seu trabalho com esse Troféu, Freud explicou a analogia:

> O livro não trata o assunto com bastante profundidade e é, acima dessas bases brutas, um exame sobremodo difícil [*overdifficult*] e sobremodo compensador [*overcompensating*] da teoria analítica do sentimento de culpa. Mas não fazemos esse tipo de dissertação, elas se fazem por si só, e se nos recusamos a escrevê-las tal como nos chegam, não sabemos qual será o resultado. A compreensão analítica do sentimento de culpa deveria estar no primeiro plano.

A outra crítica que Freud tinha a seu próprio trabalho era que lhe faltava algo muito importante:

> Nenhum de vocês notou uma omissão neste trabalho, e isso é uma gigantesca desgraça [*eine Riesenschande*]. Eu próprio só o vi quando o livro já estava impresso. Minha omissão é desculpável, mas a sua, não. Eu tinha boas razões para esquecer algo que vejo muito claramente [*dass ich sehr scharf*

weiss]. Se não o tivesse esquecido e o tivesse escrito, teria sido insuportável. Assim, uma tendência oportunista se exprimiu nesse esquecimento. O que foi esquecido tem a ver com as possibilidades de felicidade; é, mesmo, a possibilidade mais importante, porque é a única psicologicamente inatacável. Logo, o livro não menciona a única possibilidade de felicidade realmente suficiente.

Freud, então, citou dois versos de uma ode de Horácio:

Si fractus inlabatur orbis
impavidum ferient ruinae.

Chegou até a traduzir esses versos, o que não era seu hábito, pois achava que sabíamos latim suficiente para entender tais citações:

se, alquebrado, o mundo desabar,
suas ruínas o atingirão impávido.

(Comentarei esta citação mais tarde.)

Freud continuou: "Essa possibilidade de felicidade é tão triste. É a das pessoas que se entregam inteiramente a si mesmas. Falstaff[3] é uma caricatura disso. Nós o aceitamos como uma caricatura, senão seria insuportável. É o narcisismo absoluto. Só o narcísico absoluto tem essa capacidade de não ser afetado por nada. Esse meu esquecimento é uma grande falha em minha apresentação".

---

[3] *Sir* John Falstaff é personagem de Shakespeare que aparece em várias de suas peças. Palhaço, mentiroso, mulherengo, insaciável com comidas e bebidas, não deixa de ser inteligente, conseguindo assim safar-se de situações enrascadas.

Quando mais tarde procurei os versos latinos citados por Freud – estão no início da terceira *Ode* de Horácio[4] –, descobri que os tinha citado fora do contexto, talvez por serem os únicos de que se lembrava. Não há dúvidas de que os interpretou mal. Os versos que o antecedem dizem o seguinte:

> Ao homem justo e tenaz de propósito
> nem o ardor dos cidadãos incitando o mal,
> nem o vulto do tirano ameaçador
> o abalam, em sua mente sólida, nem o Austro,[5]
> turbulento senhor do inquieto Adriático,
> nem a poderosa mão do fulminante Júpiter.

Só aí aparecem os dois versos citados por Freud:

> se, alquebrado, o mundo desabar,
> suas ruínas o atingirão impávido.[6]

Os versos, antes e depois daqueles citados por Freud – que o homem corajoso extrai sua coragem e firmeza não do narcisismo, mas da força de suas convicções morais –, mostram que é a confiança resoluta em seus valores que o torna tão *impavidum*, sem medo algum. Como já disse, a oportunidade de expressar suas ideias livre e espontaneamente, diante de público acolhedor, permitiu que Freud falasse sem se preocupar muito com a exatidão do que dizia.

Então, naquela mesma reunião (não me lembro de como aconteceu), Freud se defendeu contra as acusações

---

[4] Citamos aqui a partir da seguinte tradução: PENA, H. (Org.). *Odes romanas*. Belo Horizonte: Fale-UFMG, 2016. p. 26-33.

[5] *Auster*: o vento do sul, que domina o Adriático.

[6] Sterba desconheça talvez serem esses versos lema da franco-maçonaria. Freud participara do B'nai B'rith, instituição judaica paralela à maçonaria.

que lhe têm sido feitas (não por nenhum dos presentes) de prejudicar pacientes ao exumar o que estava enterrado. Ele respondeu em tom que traía viva emoção:

> Em toda minha vida, tentei revelar verdades [*Wahrheiten aufzudecken*]. Eu não tinha outra intenção e todo o resto me era completamente indiferente. Meu único motivo era o amor à verdade. Não faz mal a ninguém. Podemos dizer as piores coisas às pessoas sem preocupação nenhuma. Se nos dissessem que um cometa destruiria nosso planeta em 150 anos, não deixaríamos essa notícia estragar nosso café da manhã. A morte de cada um de nós é certa, a minha, mais próxima, mas vocês não se incomodam com isso. Há sete anos me disseram que me sobravam no máximo cinco anos de vida, e, como não me incomodei, também posso dizer aos homens as coisas mais desagradáveis; isso não lhes toca [*es macht ihnen nichts*].

Então comentou: "Para dizer a verdade, não temos uma cultura tal que possamos realmente sentir-nos desconfortáveis nela". E continuou a falar:

> Meu livro vem da constatação de que a nossa teoria das pulsões é insuficiente. Disseram que eu tentava impor a pulsão de morte aos analistas. Mas sou apenas como um velho camponês que planta árvores frutíferas, ou como alguém que tem de sair de casa e deixar um brinquedo para que as crianças brinquem enquanto estiver fora. Escrevi o livro com intenções puramente analíticas, com base na minha existência como escritor analítico, numa meditação sombria e preocupado em desenvolver até o fim o conceito de culpa. O abandono

da agressividade cria sentimento de culpa. Agora cabe-lhes brincar [*play*] com essa ideia. Mas, para mim, esse é o avanço mais importante da análise.

Nessa reunião, Freud falou ainda de Otto Rank. Tinha acabado de ler seu último livro e não concordava com a crença na alma [*Seelenglauben*] que Rank exprimia. Disse:

> Rank era uma pessoa muito dotada, a mais capaz e dotada de todas [*der tuechtigste und begabteste von allen Leuten*].[7] E, então, Rank teve uma segunda fase como impostor [*Hochstapler*], em que seu único objetivo era contradizer Freud. Assim, deu-nos nova explicação de Hamlet, o filho que não quer mais receber ordens do pai e, portanto, recusa a obrigação de vingá-lo. Essa interpretação é uma grande vigarice [*die groesste Lumperei*] [Não encontro uma boa tradução para a palavra *Lumperei*; é algo que um *Lump* – um canalha – faria ou produziria. Acho que "baixo tipo de fraude" se aproxima de *Lumperei*[8]]. Hamlet seria o filho que não acredita mais no pai. Em sua argumentação, Rank leva isso muito a sério e despreza a psicanálise. Ele usa a teoria da relatividade, a teoria dos *quanta* e o princípio da indeterminação para questionar a causalidade psíquica, de modo que apenas restam a alma e o livre arbítrio. Mas é impossível que a psicanálise seja uma ilusão. [Freud obviamente alude, aqui, ao princípio do determinismo em nossa ciência.] As novas descobertas podem ser desconcertantes

---

[7] Em alemão, no original.

[8] Nota que Sterba acrescenta ao original de seu próprio texto. Sugerimos nós que se aproxime o *Lump* do *Lumpf*, utilizado pelo "pequeno Hans" para indicar suas dejeções. Assim, o *Lump* seria um "merdinha", e a *Lumperei* seria uma "merda federal".

para os físicos, mas a psicanálise sempre sofreu da aplicação dos critérios de outras ciências.

E Freud concluiu, dizendo, com intensa emoção: "Deixem, enfim, a psicologia em paz; deixem a psicologia para os psicólogos". •

EM SUMA, VOLTANDO À PULSÃO DE MORTE, por nossa parte, em que pesem as observações de Sterba, a aproximação feita por Freud entre "brinquedo", "brincadeira", e "o avanço mais importante da análise" não é apenas fruto da informalidade das trocas de então, mas algo que parece residir no núcleo da psicanálise. Tampouco são fundados os espantos e as incompreensões atuais quanto à aproximação proposta por Freud. Basta lembrar sua insistência em se referir a determinadas fontes literárias: por exemplo, as páginas que dedica a E.T.A. Hoffmann em *Das Unheimliche*,[9] tão importantes que as obras completas de Freud em alemão as apresentam também como texto a parte;[10] e, ainda, a reivindicação que faz desse autor como um dos precursores da psicanálise em *Moisés e o monoteísmo* (1939).[11]

---

[9] Traduzido de diferentes maneiras: "O estranho", por Jaime Salomão; "O inquietante", por Paulo César de Souza, "O infamiliar", por Ernani Chaves, Pedro Heliodoro Tavares e Romero Freitas.

[10] FREUD, S. *O infamiliar [Das Unheimliche] – Edição comemorativa bilíngue (1919-2019): seguido de O homem da areia de E. T. A. Hoffmann*. Tradução de Ernani Chaves, Pedro Heliodoro Tavares e Romero Freitas. Belo Horizonte: Autêntica, 2019. (Obras Incompletas de Sigmund Freud.)

[11] FREUD, S. *Moisés e o monoteísmo, Compêndio de psicanálise e outros textos (1937-1939)*. Tradução de Paulo César de Souza. São Paulo: Companhia das Letras, 2018. p. 103. (Obras Completas, v. 19.)

Hoffmann (1776-1822) é o criador do conto fantástico moderno, vindo do romantismo alemão. Foi importante intelectual e artista – escritor, poeta, compositor, músico, crítico musical, desenhista e, também, jurista. Para além de Freud, tem inspirado artistas e intelectuais em todas as culturas.

O "avanço mais importante da análise" sendo uma "brincadeira", justamente a respeito da pulsão de morte, é uma tese com duas proposições aparentemente antinômicas, mas que se reconciliam com facilidade no mundo de Hoffmann, mundo mágico e repleto de nostalgia, às quais Freud atribuía tanta importância na descoberta da psicanálise. Lembremos que Salomé, em suas conversas com Ferenczi, considerava "divertida" a maneira como "tendência à vida e tendência à morte" se sobrepunham. Freud também escreve a Ferenczi nesse sentido. Em 28 de março, envia-lhe uma carta (799-F) em que lhe diz que se divertiu muito com o trabalho, *Além do princípio de prazer*. Como já assinalados, em 6 de dezembro de 1920, o pai escreve à filha para lhe dizer que ela tem a mesma idade que a psicanálise, em suma, *Annálise*, que ambas lhe deram preocupações, mas que espera que ela, a filha, ainda lhe traga alegrias. Anna de fato o faz: une-se a Dorothy Burlingham, paciente do pai, e a seus quatro filhos, aos quais acrescenta seu sobrinho órfão Ernst, seu próprio filho com o qual sonhava, todos seus próprios pacientes, que ela própria analisa, oferecendo ao pai enfim uma "família simbiótica", recriando família para o pai.[12]

---

[12] Em 11 de janeiro de 1929, Freud escreve para seu amigo Binswanger: "Nossos laços simbióticos com uma família americana (sem marido), cujas crianças são acompanhadas em análise por minha filha com mão firme, tornam-se cada vez mais fortes".

Anna torna-se também psicanalista, prolongando o pai, *Annafreud, Annafilha, Siganna*. O que começa com brincadeira de criança continua com masturbação de menina, acompanhada de especulações, elucubrações, transforma-se em figura maior da disciplina, lança raízes em filosofia, invade o século. A psicanálise, homenagem à menina, grande brincadeira, carretel sem fim, *fort-da*? *Fort-dada*.

É também por isso que o amigo de Freud, Ferenczi, acha bom clarificar, tirar a pulsão de morte das especulações elucubrações. Conhecia tudo muito bem. Após reflexão, propõe em 1929 – "A criança mal acolhida e sua pulsão de morte", *Unwillkommene*, que foi o caso de Anna.

Seu artigo seguinte, publicado meses antes de morrer, "Confusão de língua entre os adultos e a criança: a linguagem da ternura e da paixão", aprofunda essa nova orientação. A pulsão de morte se torna identificação ao agressor. Entretanto, a maior parte do artigo não trata de adultos e crianças, mas de analistas e pacientes. Ferenczi chega à conclusão de que os pacientes compreendem a metapsicologia de seus analistas e "se identificam com eles", pulsão de morte na psicanálise. Conclui ainda que pouco a pouco os pacientes ficam sendo mais bem analisados que seus analistas e que, para evitar o conflito, tornam-se submissos a eles, repetindo o que dizem, copiando seus trejeitos, suas roupas. Quando Ferenczi lê seu artigo a Freud, seu amigo se levanta, sai do escritório onde se encontram, sem uma só palavra.[13] Não é uma reação contra o que o artigo diz das relações entre adultos e crianças. *Herr*

---

[13] GROSSKURTH, P. *O círculo secreto: o círculo íntimo de Freud e a política da psicanálise*. Tradução de Paula Rosas. Rio de Janeiro: Imago, 199. p. 252.

Professor reage ao que o artigo fala dele mesmo, de Ferenczi, de sua *Annafilha*, também analisada por ele, seu pai. Mas, desde 1922, Ferenczi havia assinalado os perigos da simbiose entre analista e paciente, perigos multiplicados quando são da mesma família, ou amigos próximos. Muito mais do que Freud, Ferenczi desenhava o lugar da pulsão de morte, entre filha e pai, entre analista e paciente, dentro da família. A partir daí, os problemas serão outros, bem diferentes dos que apareciam no *Além*, serão do aqui e agora, sem nenhum diabolismo, com tudo de humano, muito humano, muito aquém do *Além*.

Ferenczi ocupa assim um lugar que marcara a psicanálise a partir de 1950, quer seja com Klein, Winnicott, Bion ou Lacan. Em tudo que escreve, Ferenczi é revolucionário. ●

A ÚLTIMA SESSÃO –
20 DE MARÇO DE 1938

Na salinha de reuniões da Sociedade psicanalítica de Viena, em 20 de março de 1938, estavam presentes:

O comissário nomeado pelo NSDAP (Partido Nacional-Socialista),

o Dr. Anton Sauerwald,

o Dr. Ernest Jones, representante da Associação Psicanalítica Internacional,

Marie, Princesa da Grécia, vice-presidente da Associação Psicanalítica Internacional,

a Srta. Anna Freud, vice-presidente da Associação Psicanalítica Internacional e vice-presidente da Sociedade Psicanalítica de Viena,

o Dr. Carl Müller-Braunschweig, como secretário da Sociedade Alemã de Psicanálise e como membro do Conselho de Administração do Instituto Alemão de Pesquisa em Psicologia e Psicoterapia de Berlim,

o Sr August Beranek, de Berlim, para secundar o Dr. C. Braunschweig enquanto seu conselheiro,

o Dr. Paul Federn, vice-presidente da Sociedade Psicanalítica de Viena,

como membros do comitê de direção, o Dr. Eduard Hitschmann, o Dr. Edw. Bibring, o Dr. H. Hartmann, o Dr. E. Kris, o Dr. Robert Waelder, o Dr. W. Hoffer, a Sra. B. Steiner, o Dr. Martin J. Freud, da *Internationaler Psychoanalytischer Verlag.*

Após longa deliberação, os membros presentes do comitê de direção da Associação Psicanalítica Internacional se declaram de acordo com as seguintes propostas:

O presidente da Sociedade psicanalítica de Viena, prof. Sigmund Freud, pede ao Dr. Müller-Braunschweig como representante da Sociedade Alemã de Psicanálise que esta sociedade retome enquanto depositária [*Treuhänderin*] os direitos e obrigações da Sociedade Psicanalítica de Viena assim como seus bens.

O Prof. Dr Sigmund Freud aceita ter feito o pedido.

O Dr C. Braunschweig, após conversa telefônica com o prof. Dr. Goering, declara que Sociedade Alemã de Psicanálise aceita o papel de depositária.

Os membros do comitê de direção e os membros da Sociedade psicanalítica de Viena indicados nesta presente ata e presentes pessoalmente tomam conhecimento dos fatos e os aprovam. Viena, 20 de março de 1938.

(Assinam) Ernest Jones, Marie Princesa da Grécia, Dr Eduard Hitschmann, Dr. Sauerwald Anton, Dr. C. Müller-Braunschweig, Berta Steiner, Heinz Hartmann, Anna Freud, Dr. Edward Bibring, Dr. Paul Federn, Dr. Wilhelm Hoffer, R. Wälder, Dr. Martin Freud, August Beranek, Dr. Ernest Kris.[1] ●

---

[1] NUNBERG, Herman; FEDERN, Ernst (Eds.). *Minutes of the Vienna Psychoanalytic Society*. New York: International University Press, 1975. p. 367-368. v. IV.

EPÍLOGO
APOCALIPSE ALEGRE
ANOS LOUCOS
ANNÉES FOLLES
ROARING TWENTIES

Ah, quanto à última sessão da Sociedade de Viena, lembremo-nos de Sauerwald, Anton Sauerwald, quanto haveria para contar? Sauerwald, o nazista que leu toda a obra de Freud, que protegeu Freud, que o visitou em Londres, sem o qual Freud não teria escapado de Viena. Sauerwald, que Harry Freud, filho de Alexander Freud, quis processar em Nuremberg, depois da guerra. Anna Freud correu para proteger Sauerwald, para contar ao primo incauto quem era ele, o nazista que protegeu Freud, sem quem o ilustre fundador da psicanálise não teria escapado, nem ele nem toda a família.

Mas para que tanta gente naquela reunião, para que tanto formalismo? Sem dúvida, lembranças da Viena imperial, intermináveis protocolos, burocracias, onde, segundo Musil, "ninguém sabia distinguir claramente o que estava no alto e o que estava em baixo, nem o que avançava nem o que recuava".[1]

Quando, como acaba a festa? Depois dos Anos Loucos vem a Grande Depressão, e logo a Grande Guerra. A miséria

---

[1] MUSIL, R. *O homem sem qualidades*. Tradução de Lya Luft e Carlos Abbenseth. São Paulo: Nova Fronteira, 1989. p. 453.

Freud, acompanhado de sua filha Anna, na janela de um vagão de trem em Paris, 1838.

invade o mundo. Freud se exila na Inglaterra, muitos outros nos Estados Unidos, alguns na Argentina. Os Anos Loucos, parece, foram realmente muito loucos, com muita especulação financeira, em geral, por toda parte. Vimos como o *Além* tinha muita especulação. O sinal de fim de festa foi dado nos Estados Unidos, exatamente em 24 de outubro de 1929, a quinta-feira negra, negríssima, muita gente se suicidando, pulando pelas janelas, os bancos abrindo falência, um depois do outro. A crise da Bolsa dura um dia, a financeira, pouco mais, a crise econômica dura anos. A Bolsa é explosão cuja onda de choque desmonta pouco a pouco, castelo de cartas em câmara lenta ruindo, ruindo, ao longo de muitos anos. Rockefeller vem a público, declara que perdeu 80% do que tinha. As filas aumentam, vão aumentando, aumentando cada vez mais. Em toda parte existem filas, para a sopa popular, para um emprego que não haverá, para… para… para…, nem dá para contar. Em outubro de 1930, um ano depois da explosão da Bolsa, a Grande Depressão é declarada. Os Anos Loucos vão acabando. A Depressão é grande, muito grande, ninguém trabalha em nada. Outras imagens fortes ficaram. *Mas não se matam cavalos?*, de Horace McCoy, o pessoal que tinha de dançar para sobreviver, sem nenhuma dúvida lembrança dos Anos Loucos; *Ratos e homens*, de John Steinbeck; *Santuário*, de William Faulkner; *O coração é um caçador solitário*, de Carson McCullers; a fotografia da *Mãe migrante*, de Dorothea Lange, tornam-se símbolos da Grande Depressão. Depois da *Belle Époque*, dos Anos Loucos, só mesmo essa Depressão, Grande, antes de outra também Grande chegar, a Segunda Grande Guerra. Os especuladores da Bolsa de Valores tiveram pior destino que outros. Já pensaram se Freud tivesse tentado o suicídio após tanta especulação? Pulsão de morte, mas nem tanto.

Em 1932, Franklin Delano Roosevelt é eleito presidente dos Estados Unidos e implanta a política do *New Deal*, que tanto muda o mundo. Cria a Tennessee Valley Authority, dá emprego em trabalhos públicos a dois milhões e meio de jovens. Em 1933, Hitler toma o poder na Alemanha. A maior parte dos judeus tem um programa: deixar a Alemanha. Começam as grandes imigrações. Em 10 de maio de 1933, um grande *auto de fé* é organizado em Berlim. Queimam-se livros de Thomas e Heinrich Mann, também de Heinrich Heine. Cinquenta e três mil alemães saem do país, entre os quais 37 mil judeus, também Walter Benjamin, que se suicidará na fronteira da Espanha, acreditando que seria preso. Ainda no mesmo ano, a Bauhaus é fechada. Entre 1933 e 1937, 130 mil judeus saem da Alemanha, mais 118 mil nos dois anos seguintes; entre maio de 1938 e setembro de 1939, 100 mil judeus saem da Áustria. Entre eles, Sigmund Freud. Em 1938, a Alemanha invade a Áustria sem disparar um único tiro. A Áustria já era nazista havia tempos, sem declarar. Em 1º de setembro de 1939, acabam de vez os Anos Loucos, começa a Grande Guerra.

Em 1933, Freud havia dedicado um exemplar de seu livro *Porque a guerra?*: "A Benito Mussolini, com a saudação respeitosa de um velho que reconhece na pessoa do governante um herói da cultura. Viena, 26 de abril de 1933. Freud".

Há quem diga que a escreveu porque uma paciente, filha de um amigo de Mussolini, pediu. Freud teria pensado nas grandes escavações arqueológicas que o Duce encorajava, e não em sua política. Pode ser. Podem ser outras coisas. Talvez Freud tenha realmente acreditado que Mussolini se oporia a Hitler. Podem ser tantas coisas. O fato é que fez. Existe uma dedicatória de um livro de Freud a Mussolini em que o considera um herói da cultura. Ponto final. Durante esses anos, como o mostra sua correspondência com Arnold Zweig, Freud escrevia *Moisés e o monoteísmo*, que terminará em 1938. Thomas Mann escrevia *José e seus irmãos*. Em 1933, publica *As histórias de Jacó*, no ano seguinte, *O jovem José*, dois anos depois, *José no Egito*. Será que Freud pensa rivalizar com Mann, quando escreve *Moisés e o monoteísmo*? É o que às vezes parece em suas cartas para Zweig. Freud sonhava muito em ser grande homem, cientista de renome.

Joseph Roth descreve o final dos Anos Loucos nas últimas páginas de *Berlim*, "O *auto de fé* do espírito". Hugo von Hofmannsthal acaba de escrever seu muito admirado poema "Finis Austriae", palavras com as quais Freud se despede de Viena. Hermann Broch já começa a escrever sobre a degradação dos valores, em breve escreverá *Os sonâmbulos*, anunciando o *Apocalipse Alegre*, como chama o que aconteceu com o mundo desde meados do século XIX.

Pouco depois, seis milhões de mortos nos campos de concentração, outros tantos, senão mais, na guerra, na União Soviética, em Stalingrado, em Leningrado, a morte pura, nua e crua, sem pulsão, só compulsão, repetição. Lembremo-nos de Ferenczi. Já não é mais "A criança mal acolhida e sua pulsão de morte". Trata-se agora simplesmente dos homens e mulheres mal acolhidos e da pulsão de morte que impera.

Mais tarde, muito mais tarde, um psicanalista francês, Lacan, dirá: "Freud, na vida cotidiana, eu o vejo muito pouco como um pai. Ele viveu o drama edipiano, creio eu, apenas no nível da horda analítica. Ele era, como diz Dante em algum lugar, a Mãe Inteligência".[2]

---

[2] LACAN, J. Discursos aos católicos. In: *O triunfo da religião*. Tradução de André Teles. Rio de Janeiro: Zahar, 2005. p. 29.

Lacan não foi o primeiro a pensar que Freud era antes de tudo mãe, e, para dizer a verdade, mãe judia, como nas comédias de Woody Allen. Em suas primeiras férias longe da família, Martin Freud envia ao pai um cartão-postal endereçado à "Querida Mãe". A famosa tirada de Freud, sobre como ele se sentia tanto como pai, é resposta a Hilda Doolittle, sua paciente, quando ela lhe diz que realmente o sentia como mãe. Ah, Hilda Doolittle, quantas histórias, episódios e episódios de sua análise com Freud, como quando ela, sendo lésbica, viu o pai da psicanálise lhe oferecer filhotes de sua cadela, com bastante insistência, enfiando-os em seus braços, e ela insistindo que "não e não", que ela nunca os aceitaria.[3] O terceiro a finalmente afirmar que Freud era mãe foi Georg Groddeck. Como Freud se recusasse a reconhecer seu lado materno,[4] Groddeck enviou-lhe cartas dirigidas à "Querida Amiga..." e pediu-lhe que as guardasse. Cada carta era um capítulo de *O livro disso*. Freud se divertia demais com a brincadeira. "Querida amiga, você quer que eu lhe escreva nada pessoal, nada de fofocas, nada de frases, mas coisas sérias, informativas, até mesmo científicas. Isto é sério", começa a primeira carta.[5] Ah, Groddeck, o quanto se divertia com Freud, zombava do *Herr Professor*, ria com ele – "Esperemos que ele não tenha desaprendido a rir", escreve para Ferenczi, referindo-se

---

[3] FRIEDMAN, S. S. *Analyzing Freud: The Letters of H. D., Bryher, and Their Circle*. Canada: New Directions Books, 2002. p. 52, 69.

[4] GRODDECK, G. *O homem e seu isso*. Tradução de Natan Norbert Zins. São Paulo: Perspectiva, 1994. p. 52.

[5] GRODDECK, G. *O livro disso*. Tradução de José Teixeira Coelho Neto. São Paulo: Perspectiva, 2008. p. 1.

ao amigo comum.[6] Assim como Walter Benjamin escreveu que Lenin era uma verdadeira avó que oferecia seus textos ao povo russo, o mesmo devemos dizer de Freud, fundador, avó da psicanálise, que mimou as crianças da psicanálise com tantos e tantos de seus escritos.

E o mundo, a psicanálise, *fort-da*, *fort-dada*, sessão após sessão, seis, quatro, três, duas, uma vez por semana, ultimamente por *smartphone*, WhatsApp, vídeo ou só voz, congresso após congresso, encontro, reunião, publicações, compulsão de repetição, nem percebem, tudo isso, a psicanálise vai acabando e ninguém vê, porém ainda tem muito pano pra manga a desenrolar; se a lógica formal levou muitos e muitos séculos para ser questionada, mas nem acabou de vez, nem nunca acabará, quem sabe? Por que a lógica do inconsciente acabaria mais rápido? Daqui a muitos séculos se falará ainda da psicanálise, embora como ela era no começo tenha acabado, seis vezes por semana, uma hora por sessão, tanta coisa haveria para se contar, muita coisa, muitas histórias

fort-da, obla-di-obla-da, (la-la-la-la),
life goes on, fort-dada... ●

---

[6] FERENCZI, S.; GRODDECK, G. *Correspondance (1921-1923)*. Traduction, notes et commentaires par le Groupe de Traduction du Coq-Héron. Paris: Payot, 1982. p. 76-79. Carta de Groddeck para Ferenczi, datada de 12 de novembro de 1922. Esse volume foi editado apenas em francês.

REFERÊNCIAS

ABRAHAM, Karl. Quelques remarques sur le rôle des grands-parents dans la psychologie des névroses. [1913]. In: *Œuvres complètes, t. I (1907-1914)*. Traduction de Ilse Barande e Elisabeth Grin. Paris: Payot, 1965. p. 129-132.

ANDREAS-SALOMÉ, Lou; FREUD, Anna. *A l'ombre du père: Correspondance, 1919-1937*. Traduction de Stéphane Michaud. Paris: Hachette, 2006.

ARENDT, Hannah. O judeu como paria. In: *Escritos judaicos*. Tradução de Laura Degaspare M. Mascaro, Luciana Garcia de Oliveira e Thiago Dias da Silva. Barueri, SP: Amarilys, 2016.

ASSOUN, Paul-Laurent. *Freud e Nietzsche: semelhanças e dessemelhanças*. Tradução de Maria Lúcia Pereira. 2. ed. São Paulo: Brasiliense, 1971.

ASTOR, Dorian. *Lou Andreas-Salomé*. Paris: Gallimard, 2008.

BECKETT, Samuel. *Molloy*. Tradução de Ana Helena Sousa. Rio de Janeiro: Globo, 2007.

BENVENISTE, Daniel. *The Interwoven Lives of Sigmund, Anna and W. Ernest Freud: Three Generations of Psychoanalysis*. New York: International Psychoanalytical Books, 2015.

BERNAYS-FREUD, Anna. My Brother Sigmund Freud. *The American Mercury*, v. 51, n. 203, p. 335-342, nov. 1940.

BETTELHEIM, Bruno. *Freud's Vienna and Other Essays*. New York: Alfred A. Knopf, 1990.

BITTNER, Günther. Lettres d'Anna Freud à Eva Rosenfeld: le point de vue d'un psychanalyste. In: FREUD, Anna. *Lettres* à *Eva Rosenfeld 1919-1937.* Traduction de Corine Derblum. Paris: Hachette, 2003.

BLUM, Harold. The Irma Dream, Self-Analysis, and Self-Supervision. *Journal of the American Psychoanalytic Association,* v. 44, n. 2, p. 511-532, April 1, 1996.

BURLINGHAM, Michael John. *The Last Tiffany: A Biography of Dorothy Tiffany Burlingham.* New York: Atheneum, 1989.

CHOTARD, Loïc. Correspondances: une histoire illisible. *Romantisme: Revue du Dix-Neuvième Siècle,* Lyon, n. 90, p. 27-37, 1995. Numéro thématique: J'ai toujours aimé les correspondances.

CLINE, L. Beyond the Pleasure Principle. *New York World,* August 31, 1924. In: KIELL, Norman. *Freud Without Hindsight: Review of His Work (1893-1939).* Madison: International University Press, 1988.

COLABONE, M. R.; PRADO, L. E. Para situar a pulão de morte. Ata esquecida da Sociedade psicanalítica de Viena. *Revista Brasileira de Psicanálise,* v. 54, n. 1, p. 201-210, 2020.

COMPAGNON, Antoine. Introduction. In: *Les Chiffonniers de Paris.* Paris: Gallimard, 2017.

CORRESPONDÊNCIA *completa de Sigmund Freud para Wilhelm Fliess – 1887-1904.* Editado por Jeffrey Moussaieff Masson. Tradução de Vera Ribeiro. Rio de Janeiro: Imago, 1986.

DAUPHIN, Cécile. Pour une histoire de la correspondance familiale. *Romantisme: Revue du Dix-Neuvième Siècle,* Lyon, n. 90, p. 89-99, 1995. Numéro thématique: J'ai toujours aimé les correspondances.

DELEUZE, Gilles. *Sacher-Masoch: o frio e o cruel.* Tradução de Jorge Bastos. Rio de Janeiro: Zahar, 2009.

DERRIDA, Jacques. *Cartão-postal: de Sócrates a Freud e além* [1980]. Tradução de Ana Valeria Lessa e Simone Perelson. Rio de Janeiro: Civilização Brasileira, 2007.

DERRIDA, Jacques. *La vie la mort: Séminaire (1975-1976).* Paris: Seuil, 2019.

DERRIDA, Jacques. O "mesmo tu" da autobiografia. [1980]. In: *Cartão-postal: de Sócrates a Freud e além*. Tradução de Ana Valeria Lessa e Simone Perelson. Rio de Janeiro: Civilização Brasileira, 2007.

DUBOIS, Jacques *et al.* Les biographies de Paris Match. *Communications*, n. 16, p. 110-124, 1970. Numéro thématique: Recherches Rhétoriques.

FERENCZI, Sándor. O "Complexo do Avô" [1913]. In: *Obras Completas: Psicanalise II*. São Paulo: Martins Fontes, 2021.

FERENCZI, Sándor; GRODDECK, Georg. *Correspondance (1921-1923)*. Traduction, notes et commentaires par le Groupe de Traduction du Coq-Héron. Paris: Payot, 1982.

FREUD, Anna. *Lettres à Eva Rosenfeld, 1919-1937*. Traduction de Corinne Derblum. Paris: Hachette, 2003.

FREUD, Anna. *O tratamento psicanalítico de crianças*. Tradução de Marco Aurélio de Moura Mattos. Rio de Janeiro: Imago, 1971.

FREUD, Ernst L.; MENG, Heinrich (Orgs.). *Cartas entre Freud & Pfister (1909-1939): um diálogo entre a psicanálise e a fé cristã*. Tradução de Karin Hellen K. Wondracek e Ditmar Junge. Viçosa: Ultimato, 1998.

FREUD, Sigmund [Carta] 6 dez. 1896 [para] FLIESS, Wilhelm. In: *A correspondência completa de Sigmund Freud para Wilhelm Fliess – 1887-1904*. Editado por Jeffrey Moussaieff Masson. Tradução de Vera Ribeiro. Rio de Janeiro: Imago, 1986.

FREUD, Sigmund. *A história do movimento psicanalítico*. (1914-1916). Tradução de Themira de Oliveira Brito. Rio de Janeiro: Imago, 1997. (Obras completas, v. XIV.)

FREUD, Sigmund. *A interpretação dos sonhos (1900)*. Tradução de Paulo César de Souza. São Paulo: Companhia das Letras, 2019. (Obras Completas, v. 4.)

FREUD, Sigmund. *Além do princípio de prazer. [Jenseits des Lustprinzips]*. Tradução de Maria Rita Salzano Morais. Belo Horizonte: Autêntica, 2020.

FREUD, Sigmund. *Moisés e o monoteísmo, Compêndio de psicanálise e outros textos (1937-1939)*. Tradução de Paulo César de Souza. São Paulo: Companhia das Letras, 2018. (Obras Completas, v. 19.)

FREUD, Sigmund. *O Ego e o Id e outros trabalhos (1923-1925)*. Tradução de José Octávio de Aguiar. . Rio de Janeiro: Imago, 1976. (Obras completas, v. 19.)

FREUD, Sigmund. *O Eu e o Id, "Autobiografia" e outros textos*. Tradução de Paulo César Lima de Souza. São Paulo: Companhia das Letras, 2011. (Obras Completas, v. 16).

FREUD, S. *O estranho*. In: *História de uma neurose infantil e outros trabalhos (1917-1918)*. Tradução de Eudoro Augusto Macieira de Souza. Rio de Janeiro: Imago, 1996. (Obras Completas, v. XVII.)

FREUD, Sigmund. *O infamiliar* [*Das Unheimliche*] – Edição comemorativa bilíngue (1919-2019): seguido de O homem da areia de E. T. A. Hoffmann. Tradução de Ernani Chaves, Pedro Heliodoro Tavares e Romero Freitas. Belo Horizonte: Autêntica, 2019. (Obras Incompletas de Sigmund Freud.)

FREUD, S. *Psicologia das massas e análise do eu (1920-1922)*. Tradução de Paulo César de Souza. São Paulo: Companhia das Letras, 2011. (Obras Completas, v. 18).

FREUD, Sigmund; ANDREAS-SALOMÉ, Lou. *Correspondência completa*. Tradução de Dora Flacksman. Rio de Janeiro: Imago, 1975.

FREUD, Sigmund; BINSWANGER, Ludwig. *Correspondance 1908-1938*. Traduction de Ruth Menahem e Marianne Strauss. Paris: Calmann-Lévy, 1995.

FREUD, Sigmund; JONES, Ernest. *Correspondance complète (1908-1939)*. Traduction de Pierre-Emmanuel Dauzat, Marielène Weber e Jean-Pierre Lefebvre. Paris: PUF, 1998.

FREUD, Wolfgang Ernest; MARTIN, Jay. A Conversation with Ernest Freud. *Psychoanalytic Éducation*, v. 4, p. 29-56, 1985.

FRIEDMAN, Susan Stanford. *Analyzing Freud: The Letters of H. D., Bryher, and Their Circle*. Canadá: New Directions Books, 2002.

GAY, Peter. *Freud: uma vida para o nosso tempo.* Tradução de Denise Bottmann. 2. ed. São Paulo: Companhia das Letras, 2012.

GÖDDE, Günter. *Mathilde Freud: die älteste Tochter Sigmund Freuds in Briefen und Selbstzeugnissen.* Giessen: Psychosozial-Verl, 2003.

GRANOFF, Wladimir. *Lacan, Ferenczi et Freud.* Paris: Gallimard, 2001.

GRODDECK, Georg. O *homem e seu isso.* Tradução de Natan Norbert Zins. São Paulo: Perspectiva, 1994.

GRODDECK, Georg. O *livro disso.* Tradução de José Teixeira Coelho Neto. São Paulo: Perspectiva, 2008.

GROSSKURTH, Phyllis. O *círculo secreto: o círculo íntimo de Freud e a política da psicanálise.* Tradução de Paula Rosas. Rio de Janeiro: Imago, 1992.

HOFFMANN, E. T. A. O Homem da Areia. In: FREUD, Sigmund. O *infamiliar.* Tradução de Ernani Chaves, Pedro Heliodoro Tavares e Romero Freitas. Belo Horizonte: Autêntica, 2019. (Obras Incompletas de Sigmund Freud.)

JOHNSTON, William M. *L'esprit viennois: une histoire intellectuelle et sociale 1848-1938.* Traduction de Pierre-Emanuel Dauzat. Paris: Presses Universitaires de France, 1985.

JONES, Ernest. A Maturidade. In: *A vida e a obra de Sigmund Freud.* Tradução de Júlio Castañon Guimarães. Rio de Janeiro: Imago, 1989. v. 2.

JONES, Ernest. Le fantasme du renversement de l'ordre des générations. [1948]. In: *Théorie et pratique de la psychanalyse.* Traduction de Annette Stronck. Paris: Payot, 1997. p. 372-377.

JONES, Ernest. Metapsicologia. In: *A vida e a obra de Sigmund Freud.* Tradução de Júlio Castañon Guimarães. Rio de Janeiro: Imago, 1989, p. 268-287. v. 3.

KIELL, Norman. Beyond the Pleasure Principle. In: *Freud Without Hindsight: Reviews of His Work (1893-1939).* Madison: International University Press, 1988. p. 441-458.

KRÜLL, Marianne. *Sigmund, fils de Jacob: un lien non dénoué.* Traduction de Marilène Weber. Paris: Gallimard, 1983.

LACAN, Jacques. Discursos aos católicos. In: *O triunfo da religião.* Tradução de André Telles. Rio de Janeiro: Zahar, 2005.

LAPLANCHE, Jean. Pourquoi la pulsion de mort? In: *Vie et mort en psychanalyse.* Paris: Flammarion, 1970. p. 159-190.

LEHMANN, Herbert. A Conversation between Freud and Rilke. *The Psychoanalytic Quarterly,* v. 35, n. 3, p. 423-427, 1966.

LEHRER, Ronald. *Nietzsche's Presence in Freud's Life and Thought: On the Origins of a Psychology of Dynamic Unconscious Mental Functioning.* New York: SUNY Press, 1994.

LEHRER, Ronald. Jung, Andreas-Salomé, and Totem and Taboo. In: *Nietzsche's Presence in Freud's Life and Thought: On the Origins of a Psychology of Dynamic Unconscious Mental Functioning.* New York: SUNY Press, 1994.

MAY, Ulrich. The Third Step in Drive Theory: On the genesis of *Beyond the Pleasure Principle. Psychoanalysis and History,* v. 17, n. 2, p. 205-272, 2015.

MEISEL, Perry; KENDRICK, Walter. *Bloomsbury/Freud: James et Alix Strachey correspondence 1924-1925.* Paris: PUF, 1990.

MUSIL, Robert. O *homem sem qualidades.* Tradução de Lya Luft e Carlos Abbenseth. São Paulo: Nova Fronteira, 1989.

NUNBERG, Herman; FEDERN, Ernst (Eds.). *Minutes of the Vienna Psychoanalytic Society.* New York: International University Press, 1975. v. III.

NUNBERG, Herman; FEDERN, Ernst (Eds.). *Minutes of the Vienna Psychoanalytic Society* . New York: International University Press, 1975. v. IV.

PENA, Heloísa (Org.). *Odes romanas.* Belo Horizonte: FALE/UFMG, 2016.

PRADO DE OLIVEIRA, Luiz Eduardo. *L'invention de la psychanalyse: Freud, Rank, Ferenczi.* Paris: Campagne Première, 2014.

PRADO DE OLIVEIRA, Luiz Eduardo; COLABONE, Marta Raquel. Sobre o suicídio: as reuniões da Sociedade Psicanalítica de Viena. *Revista Brasileira de Psicanálise,* v. 53, n. 4, p. 257-284, 2019.

RANSOM, John Crowe. Freud and Literature. In: KIELL, Norman. *Freud Without Hindsight: Review of His Work (1893-1939).* Madison: International University Press, 1988.

RIEDER, Ines; VOIGT, Diana. *Desejos secretos: a história de Sidonie C., a paciente homossexual de Freud.* Tradução de Laura Barreto. São Paulo: Companhia das Letras, 2008.

ROAZEN, Paul. *Irmão animal: a história de Freud e Tausk.* Tradução de Samuel Titan Jr. Rio de Janeiro: Imago, 1995.

ROUDINESCO, Élisabeth. Préface: Les enfants de la psychanalyse. In: FREUD, Sigmund; FREUD, Anna. *Correspondance 1904-1938.* Paris: Fayard, 2012.

ROUSTANG, François. *Um destino tão funesto.* Tradução de Jorge Bastos. São Paulo: Timbre-Taurus, 1987.

SALIM, Sebastião Abrão. A história da psicanálise no Brasil e em Minas Gerais. *Mental,* Barbacena, v. 8, n. 14, 2010. Disponível em: https://bit.ly/3z0LUXg. Acesso em: 24 maio. 2022.

SCHRÖTER, Michael; FREUD, Sigmund. *Sigmund Freud: cartas aos filhos.* Tradução de Blima Otte e Georg Otte. Rio de Janeiro: Civilização Brasileira, 2021.

SCHRÖTER, Michael; TÖGEL, Christfried. The Leipzig Episode in Freud's Life (1859): A New Narrative on the Basis of Recently Discovered Documents. *The Psychoanalytic Quarterly,* v. 76, n. 1, p. 193-215, 2007.

SCHUR, Max. *Freud: Vida e agonia.* Tradução de Marco Aurélio de Moura Mattos. Rio de Janeiro: Imago, 1981.

SILVERBERG, William V. *Beyond the Pleasure Principle* by Sigmund Freud, C. J. M. Hubback (Review). *The Journal of Philosophy,* v. 22, n. 19, p. 530-532, 1925.

SPIELREIN, Sabina. *Entre Freud et Jung.* Paris: Aubier-Montaigne, 1981.

STERBA, Richard Francis. *Reminiscences of a Viennese Psychoanalyst.* Detroit: Wayne State University Press, 1982.

TRÉHEL, Gilles. Sigmund Freud (1856-1939): un papa de guerre. *L'Information Psychiatrique*, v. 84, n. 4, p. 329-342, 2008.

VEROUGSTRAETE, Anne. *Lou Andreas-Salomé et Sigmund Freud: Une histoire d'amour.* Paris: L'Harmattan, 2005.

WASTON, Jay. Guys and Dolls: Exploratory Repetition and Maternal Subjectivity in the Fort/Da Game. *American Imago*, v. 52, n. 4, p. 463-503, 1995.

WEISS, Edoard. *Sigmund Freud as a Consultant: Recollections of a Pioneer in Psychoanalysis.* New York: Intercontinental Medical Book Corp, 1970.

YERUSHALMI, Yosef Hayim. *Freud's Moses: Judaism Terminable and Interminable.* London: Yale University Press, 1991.

YOUNG-BRUEHL, Elisabeth. *Anna Freud: A Biography.* New York: Summit Books, 1988.

YOUNG-BRUEHL, Elisabeth. Looking for Anna Freud's Mother. *The Psychoanalytic Study of the Child*, v. 44, p. 391-408, 1989.

ZELDIN, T. La Grande Guerre (1914-1918). In: COLLECTIF. *Une histoire du monde au XIXe siècle.* Paris: Larousse, 2013.

ZWEIG, Stephan; ROTH, Joseph. *Correspondance 1927-1938.* Traduction de Pierre Deshusses. Paris: Éditions Payot & Rivages, 2013.

AGRADECIMENTOS

Agradeço aqui, na ordem em que foram criando as possibilidades que levaram à formulação das teses deste livro, aos professores Belinda Mandelbaum e Daniel Kupermann do Instituto de Psicologia da Universidade de São Paulo.

Agradeço, pelo encorajamento inicial, a Marta Raquel Colabone, a Vera Iaconelli, ao professor Gilson Iannini, do Departamento de Psicologia da Universidade Federal de Minas Gerais.

Em seguida, o livro não seria nem de longe o trabalho no qual se transformou sem a atenção constante das equipes da Autêntica Editora, coordenadas por Rejane Santos e Cecília Martins, a quem dirijo meus calorosos agradecimentos. Ao trabalho delas se acrescentaram as inúmeras pesquisas, comparação de traduções, verificação de títulos, enfim, minucioso trabalho levado a cabo por Vera Lúcia Dutra e Carolina Vidal, a quem também agradeço com calor.

Às colegas e aos colegas de Espace Analytique, minha instituição psicanalítica de referência, onde meus interlocutores têm sido Marielle David, Dominique Tourrès-Landman, Patrick Landman, Olivier Douville, Alain Vanier e todas as pessoas participantes em meu grupo de trabalho anual sobre Especes d'Espaces em psicanálise; a

Revista Brasileira de Psicanálise, primeiro através da doutora Marina Massi e em seguida do doutor Cláudio Castelo Filho, tem acolhido alguns de nossos trabalhos, escritos em parceria com Marta Raquel Colabone.

Relatei meu trabalho em algumas conferências: em trabalho com Psychanalyse Actuelle, convidado pelo doutor Jean-Jacques Moscovitz e pelo senhor Benjamin Levy; na Association Internationale Interactions de la Psychanalyse, convidado pela professora Sophie de Mijolla-Mellor; no Centro de Estudos Psicanalíticos, convidado pelo senhor Ernesto Duvidovich e por Marta Raquel Colabone; no Programa de Pós-graduação em Filosofia da Escola de Educação e Humanidades da Pontifícia Universidade Católica de Curitiba, no Paraná, convidado pelos professores Francisco Verardi Bocca e Eduardo Ribeiro do Nascimento; conversamos bastante com a doutora Marta Togni Ferreira, da Associação de Psicanálise Tykhe e coordenadora do coletivo Estação Psicanálise, de Campinas, São Paulo; com a professora Angela Coutinho, antiga amiga fraternal, da Sociedade de Psicanálise Iraci Doyle, tanto quanto com a professora Denise Maurano, do Corpo Freudiano do Rio de Janeiro, que também me convidou para palestra sobre História e Psicanálise no Programa de Pós-Graduação em Memória Social, na linha de pesquisa Memória, Subjetividade e Criação, da Universidade Federal do Estado do Rio de Janeiro.

Às tantas e aos tantos que não mencionei e que porém de alguma forma estiveram presentes, ficam meus pedidos de desculpas. Escrever um livro é uma aventura na qual muitas vezes me perdi. ●

ÍNDICE ONOMÁSTICO

Abraham, Karl: 21, 23, 43, 55, 58-59, 61, 63, 119, 152, 161, 167-168.

Alighieri, Dante: 212.

Allen, Woody: 212.

Andreas-Salomé, Lou: 14, 33, 143, 148-172, 174-175, 178, 183, 187, 190.

Anzieu, Didier: 147.

Aragon, Louis: 16, 23.

Arendt, Hannah: 18, 140.

Assoun, Paul-Laurent: 147.

Astaire, Fred: 16.

Baker, Josephine: 16, 26.

Bauer, Ida: 19.

Beach, Sylvia: 20.

Benjamin, Walter: 22, 210, 213.

Benveniste, Daniel: 33-34, 36-37, 42, 128, 134, 179.

Beranek, August: 205-206.

Bernays, Martha (ou Martha Freud): 14, 45-46, 83, 127, 135, 138, 141, 156.

Bernays, Minna: 14, 30, 46-48, 50-51, 93, 127, 135, 147, 182.

Bettelheim, Bruno: 17.

Bibring, Edward: 205-206.

Binswanger, Ludwig: 42-43, 121-122, 129, 167, 179, 185, 201.

Bion, Wilfred: 203.

Bleuler, Eugen: 186.

Bloom, Molly: 20.

Bulgákov, Mikhail: 27.

Breton, André: 22.

Broch, Hermann: 211.

Buñuel, Luis: 23.

Burlingham Jr., Robert (ou Bob): 128, 130-131, 176-177, 180-181.

Burlingham, Dorothy T.: 14, 20-21, 39, 129-131, 135, 155-156, 172, 176-180, 182-184, 201.

Burlingham, Katrina (ou Tinky): 130, 176, 180.

Burlingham, Mary (ou Mabbie): 130, 176-177, 180-182.

Burlingham, Michael (ou Mikey): 130, 176, 180.

Burlingham, Michael John: 182, 184.

Burlingham, Robert: 53, 128, 176.

Burroughs, Edgar Rice: 19.

Carroll, Lewis: 29.

César de Castro, João: 24.

Chambers, Irene: 42, 133.

Chaplin, Charles: 16-17.

Chiraz, Josefina: 127.

Christie, Agatha: 18.

Clair, René: 23.

Cocteau, Jean: 23.

Colette (ou Sidonie Gabrielle Colette): 18.

Csillag, Sidonie: 19, 28, 32, 148.

Curie, Marie S.: 11.

Dalí, Salvador: 23.

Andrade, Mário de: 25.

Andrade, Oswald de: 25.

Forest, Judy de: 130.

Moraes, Vinicius de: 26.

Picchia, Menotti del: 25.

Deleuze, Gilles: 147.

Derrida, Jacques: 35, 67, 115-116, 143, 147, 161-163.

Deutsch, Helene: 168.

Amaral, Tarsila do: 25.

Doolittle, Hilda: 212.

Duncan, Isadora: 26.

Eitingon, Max: 44, 123-124, 127, 155-156, 158, 160, 173, 175-177.

Éluard, Paul: 23.

Ernst, Max: 23.

Faulkner, William: 209.

Federn, Paul: 191, 205-206.

Ferdinando, Francisco: 61.

Ferenczi, Sándor: 14, 23, 43, 49, 55, 58-59, 119, 121-122, 130-131, 146, 152, 154, 156, 162, 165, 167, 175-176, 179, 187-188, 190, 201-203, 211, 213.

Fitzgerald, Scott: 19.

Franco da Rocha, Francisco: 24.

Freud, Alexander: 30, 46, 184, 207.

Freud, Anna (ou Annerl): 13-14, 20-21, 28, 30, 32-37, 39-47, 51-54, 56-57, 62, 94, 99, 104, 106, 120-121, 123-137, 139-140, 142-143, 148, 153-161, 163-164, 168, 172-185, 201-203, 205-208.

Freud, Clemens R.: 128.

Freud, Colin Peter: 42, 133.

Freud, Esther Adolfine (ou Dolfi): 30, 46, 184.

Freud, Harry: 207.

Freud, Jacob: 29-30, 45, 47-48, 136, 139.

Freud, Julius: 35.

Freud, Lucian: 29, 128.

Freud, Martin: 43, 46, 48, 51, 54, 58, 127, 129, 131, 136, 206, 212.

Freud, Mathilde: 14, 32, 35, 43, 46-55, 106, 124, 127-128, 135, 137, 184.

Freud, Oliver: 46, 127.

Freud, Pauline Regine (ou Pauli): 46, 184.

Freud, Regina-Debora (ou Rosa): 30, 46, 184.

Freud, Selig: 139.

Freud, Sigmund: 10-15, 17-19, 21-30, 32-33, 35-36, 39, 42-48, 50-51, 54-57, 59-65, 67-68, 79, 93, 111-115, 117-118, 120-123, 127, 129-131, 133, 135-136, 138-141, 143-159, 161, 164-172, 174-203, 206-213.

Freud, W. Ernest (ou Wolfgang Ernst Halberstadt): 13, 32-39, 41-43, 46, 48, 55-56, 59-60, 63, 71, 79-80, 86, 91, 97-98, 102, 106, 108-110, 112, 117-120, 123-130, 132-133, 135-136, 141, 143, 178, 180, 201.

Freund, Anton von: 44, 121.

Gay, Peter: 147.

Göring, Matthias (ou Prof. Dr. Goering): 206.

Graf, Max: 156, 185.

Granoff, Wladimir: 146-147.

Griffith, David: 16-17.

Groddeck, Georg: 149-150, 212-213.

Hadie: 94, 99, 103, 107-108.

Halberstadt, Eva: 97.

Halberstadt, Heinz Rudolph (ou Heinele ou Heinerle): 35, 38, 42, 63, 11, 122, 124, 126, 128, 133, 131.

Halberstadt, Rudolf: 83-84.

Halberstadt-Freud, Sophie: 13-15, 32-36, 42-43, 46-48, 51-60, 67-69, 71, 106, 110, 112, 117, 119-120, 122-123, 125, 127-128, 135-137, 154, 163, 178, 182, 184-185.

Hamsun, Knut: 18.

Hartmann, Heinz: 205-206.

Heine, Heinrich: 210.

Heller, Peter: 130, 183.

Hickok, Lorena: 21.

Hitler, Adolf: 25, 132, 210-211.

Hitschmann, Eduard: 183, 205-206.

Hoffer, William: 205-206.

Hoffmann, Ernst Theodor Amadeus (ou E.T.A. Hoffmann): 200-201.

Hofmannsthal, Hugo V.: 18, 23, 211.

Hollitscher, Robert: 49-50.

Hönig, Olga: 156, 185.

Horácio: 195-196.

Houaiss, Antonio: 20.

Hug-Hellmuth, Hermine: 64.

Jarry, Alfred: 22.

Jones, Ernest: 37, 43, 58, 121-122, 133, 146-147, 151, 161-163, 167, 170, 205-206.

Joyce, James: 20.

Jung, Carl G.: 23, 61, 152, 167, 175, 186.

Jutta: 109-110.

Kallmus, Dora: 26.

Keaton, Buster: 17.

Kessel, Joseph: 27.

Klee, Paul: 19.

Klein, Melanie: 21, 203.

Klimt, Gustav: 23, 144.

Kokoschka, Oskar: 19.

Kraus, Karl: 26-27.

Kris, Ernest: 205-206.

Kris, Marianne: 181.

Krüll, Marianne: 47, 136, 138.

Lacan, Jacques: 138, 174, 203, 211-212.

Lampl, Hans: 51.

Lang, Fritz: 17.

Lange, Dorothea: 209.

Laplanche, Jean: 146-147, 163.

Lewis, Sinclair: 18.

Londres, Albert: 27.

Mahler, Alma: 19.

Mahler, Gustav: 19, 183.

Malfatti, Anita: 25.

Mann, Heinrich: 210.

Mann, Thomas: 23, 27-28, 211.

Marcondes, Durval: 24.

Marie Princesa da Grécia: 206.

May, Ulrike: 146-147, 162-163.

McCoy, Horace: 209.

McCulley, Johnston: 19.

McCullers, Carson: 206.

Meisel, Perry: 21.

Meyerhold, Vsevolod: 18.

Milch, Einbecker : 83.

Miller, Lee: 26.

Miró, Juan: 23.

Mistinguett: 22.

Moreira, Juliano: 24.

Müller-Braunschweig, Carl: 205-206.

Murnau, Friedrich: 17.

Musil, Robert: 207.

Mussolini, Benito: 25, 210-211.

Nathansohn, Amalia: 30, 44, 46, 135-136, 141, 184.

Nietzsche, Friedrich: 33, 149-151, 153.

Orlan, Pierre Mac: 18.

Pankejeff, Sergei: 24.

Pfister, Oskar: 43, 120, 167.

Philipp, Julius: 125.

Picabia, Francis: 16, 23.

Picasso, Pablo: 23.

Pinto, Genserico S.: 24.

Piscator, Erwin: 18.

Porto-Carrero, Júlio: 24.

Prinzhorn, Hans: 18.

Proust, Marcel: 18, 138.

Rank, Otto: 23, 44, 131, 176, 191, 198.

Ravel, Maurice: 22, 172.

Ray, Man: 19, 26.

Reik, Theodor: 23, 131, 177.

Rilke, Rainer M.: 33, 151.

Rockefeller, John D.: 209.

Rodin, Auguste: 151.

Rodrigues, Nelson: 29.

Roosevelt, Eleanor: 21.

Roosevelt, Franklin D.: 210.

Rosa, Guimarães: 10.

Rosemarie (ou Mädi): 130.

Rosenfeld, Eva: 40, 130, 132, 158, 175-176, 179, 182.

Roth, Joseph: 18, 27, 211.

Roudinesco, Élisabeth: 129, 137.

Sauerwald, Anton: 205-207.

Schiele, Egon: 23, 29.

Schnitzler, Arthur: 18, 23, 144-145, 151.

Schönberg, Arnold: 23.

Schopenhauer, Arthur: 169.

Schröter, Michael: 45, 137.

Schur, Max: 35, 56, 122.

Shakespeare, William: 57, 195.

Simmel, Reinhard: 130.

Spielrein, Sabina: 188-187.

Steinbeck, John: 209.

Steiner, Berta: 206.

Stekel, Wilhelm: 56, 186.

Sterba, Richard F.: 190-192, 196, 198, 200.

Strachey, Alix: 21.

Strachey, James: 21, 23, 113.

Strindberg, August: 151.

Tasso, Torquato: 163.

Tausk, Victor: 14, 44, 152, 162, 165-171, 187.

Tennyson, Alfred: 134.

Timm, Muschi (ou Uschi): 110.

Tolstói, Leon: 151.

Trajano: 193.

Turgueniev, Ivan: 151.

Tzara, Tristan: 16, 18, 22.

Vinci, Leonardo da: 22.

Waelder, Robert: 206.

Wälder, R.: 204.

Walter Kendrick (ou Walter M. Kendrick): 21.

Weiss, Edoardo: 192.

Wharton, Edith: 19.

Wiene, Robert: 17.

Winnicott, Donald: 203.

Young-Bruehl, Elisabeth: 20-21, 53, 62, 127, 147, 153, 155-157, 178, 183-184.

Zamiátin, Ievguêni: 18.

Zweig, Arnold: 211.

Zweig, Stefan: 18, 27.

Este livro foi composto com tipografia Adobe Garamond Pro
e impresso em papel Off-white 80 g/m² na Formato Artes Gráficas.